今、教育を考える

生涯学習時代の教育課題

大串 兎紀夫

学文社

まえがき

　「生涯学習」という言葉が一般に使われだして20年以上がたつ。はじめは，聞きなれない，硬いイメージだったが，最近は，テレビのコマーシャルにも用いられるようになり，すっかり普通の日本語として定着しているようにみえる。しかし，その意味するイメージは，当初の「高齢者の趣味」や「女性の稽古事」から多少広がり「資格のための学習」「生きがいを探す学習」なども含まれるようにはなったが，それほど広がりや深みはないようである。まだまだ，かつての「社会教育」——公民館での講座や講演会への参加からカルチャーセンターや大学，高校などの公開講座，（資格のために通信教育を受講する）社会通信教育などのイメージから抜け出せていないようである。

　もちろん，教育関係者の間では，生涯にわたっての学び・教育に対する理解は，大学の教育に授業科目として「生涯学習（教育）」が開設されるなど，ほぼ定着しているが，マスメディアに代表される一般社会では「教育＝学校」「教育＝公的・組織的事業」の観念から抜け出していないようである。

　「生涯学習」は，学問分野で言えば総合科学としての人間科学の一つになるであろう。近代の科学が，分析的志向が強かったのに対し，近年，あらゆる分野で総合的志向に見直されつつあることの一環であり，教育に関する科学でも，個別・分析的な方法論はもちろんだが，人間総合的な新しい学問方法が求められている。既存の学問分野・方法論でいえば，教育学はもちろん心理学，社会学，経済学，法学などの社会科学，文学，歴史学，哲学などの人文科学，そして，医学，生物学，数学などの自然科学をも「総合した視点と知見，方法論」を，総合的，統合的に用いて研究されるべきものであろうが，このような学問としての「生涯学習学」は，今ようやく作られ始めているのではないだろうか。

　著者の生涯学習の研究は，本人の怠惰で遅々として進んでいないが，大学で授業をする中で，時々の教育・学習を中心に現代社会の諸問題について具体的

に考え，それを，教育や学習に関心をもつより多くの方々に「生涯学習のものの見方」を知っていただこうと発表してきた。本書は，この十数年間，折に触れ発表したそれらの小論をまとめたものである。このため，全体として統一された構成になっていないが，今回書き下ろした第1章から第5章までの前半は，現代わが国で問題としてとり上げられる諸教育課題を生涯学習の観点から論じたものであり，後半の第6章以降は生涯学習そのものの諸課題をとり上げたものをまとめてみた。本書が，教育・学習について現状を見直す，ひいては，個人の生き方，また，社会のありようを見直すきっかけの一助になればと願っている。

　平成18年3月

　　　　　　　　　　　　　　　　　　　　　　　　　　大串　兎紀夫

目　次

第1章　21世紀の教育課題 ——「生涯学習体系」の構築をめざして ———— 1
　　はじめに —— 現代の社会と教育　1
　　1．生涯教育と生涯学習　2
　　2．多様化・高度化する学習　8
　　3．社会の変化と教育の果たすべき役割　16
　　おわりに —— 新しい大学の提案　23

第2章　生涯学習時代の学校教育の役割 ———————————— 27
　　はじめに　27
　　1．学校教育の現状と課題　28
　　2．生涯学習時代の学校教育　37

第3章　メディア・リテラシー教育の必要性 ———————— 43
　　はじめに　43
　　1．メディアをめぐる社会状況　44
　　2．現代の教育状況とメディア　47
　　3．"メディアの利用"から"メディアを知る"へ
　　　　—— メディア教育の変遷　50
　　4．メディア・リテラシー教育の必要性
　　　　—— 教育のパラダイム転換の一環として　52

第4章　「加齢」の生涯学習的意義 —— 年をとることのすばらしさ ———— 57
　　1．「若さ」重視，「老い」軽視の風潮　57
　　2．近代社会と「新と古」「老と若」　58
　　3．歴史にみる加齢の意義　61
　　4．生涯発達と加齢　63
　　5．「老い」の重視は「若さ」の重視 —— 充実した生涯をめざして　65

第5章 "先人たちの生涯学習"を学ぶ ── 吉田松陰,近藤富蔵を例に ── 69
　　1．生涯学習と人生　69
　　2．事例(1) 吉田松陰　71
　　3．事例(2) 近藤富蔵　77
　　おわりに　83

第6章　生涯学習と識字（リテラシー） ── 87
　　1．識字（リテラシー）への社会的関心　87
　　2．国際的な識字（リテラシー）の動き　88
　　3．現代のリテラシー　90

第7章　生涯学習時代の「家庭」と「地域」 ── 95
　　はじめに　95
　　1．教育・学習の場　95
　　2．近代における家庭と地域　97
　　3．日本人の人間関係　99
　　4．新しい「家庭」「地域」の創造を　100

第8章　学歴と生涯学習 ── 103
　　はじめに　103
　　1．「学歴」「学歴社会」　104
　　2．わが国の「学歴」「学歴社会」の変遷　106
　　3．「学歴社会」の変質　109
　　4．生涯学習と学歴　111

第9章　IT革命と生涯学習 ── 115
　　はじめに　115
　　1．IT関連機器の普及状況　117
　　2．生活面からみたIT化　119
　　3．IT化社会と生涯学習　121
　　おわりに　127

第10章　生涯学習施設の立地条件 ─────────────── 131
　　はじめに　131
　　1．公共施設の立地　132
　　2．商業・商店の立地　134
　　3．これまでの教育・文化施設の立地　135
　　4．生涯学習施設の立地　137
　　おわりに　139

第11章　大学生の人生段階意識 ── 発達段階アンケートから ─── 141
　　はじめに　141
　　1．調査の概要　142
　　2．調査の結果　143
　　3．分析と考察　146
　　4．まとめに代えて　147

第1章　21世紀の教育課題
── 「生涯学習体系」の構築をめざして ──

はじめに ── 現代の社会と教育

　現代，世紀が変わったからというわけではないだろうが，世界はそのあり方を大きく変えていかなければならないといわれている。すなわち，「軍事問題」「環境問題」「核問題」「エネルギー問題」「人口爆発と高齢化問題」「貿易・経済摩擦問題」「金融問題」「生命倫理の問題」「宗教・信仰問題」「癌やエイズなどの医療問題」などから，「アイデンティティ・個性」「人間関係」「家族関係」などまで，国家規模，世界・地球規模の問題から個人の生き方，身近な生活にかかわる問題まで，あらゆるレベルで各種の課題が噴出し，これまでの国家や社会の枠組み，個人の生き方では根本的解決策が見いだせないことが次第にはっきりしてきた。このままでは「人間文化の衰退」ばかりでなく「人類の滅亡」「地球の破滅」にまでなりかねないという危機感が生まれてきた。それらの課題を解決ないし軽減し，未来へ希望を見いだしていくためには，この数百年にわたってわれわれが進めてきた進歩と発展というあり方「近代社会」を根底から見直さなければならなくなっているというわけである。

　これらは，19世紀から20世紀にかけて，世界を巻き込み進んできた「近代化」が「成熟した結果」ともいえるが，別の言い方をすれば「曲がり角」ないし「限界」を迎えていることにほかならない。そして，それは技術的，制度的な改革だけではすまないことであり，われわれの「生き方」の見直し，変更を迫っているのである。われわれの誰もが当たり前だと思っている「ものの見方」の変更を迫っている。すなわち，われわれの「人生観」だけでなく現代社会の「世界観」の転換が迫られているといってもよいのではないだろうか。

これを，教育や学習の世界で考えてみると，近年，わが国の教育界でさかんにいわれるようになった「社会の成熟化に伴い人々の学習ニーズが増大し，しかも多様化・高度化していることなどから，教育・学習のあり方を『生涯学習体系』へ移行することが求められている」[1]ということも，これまでのような単なる教育制度の手直しではすまない，根本的な改革を迫られている問題としてとらえ直さなければならないと考えられているからであろう。

　しかし，最近のわが国は，一時期盛んにいわれていた生涯学習が，社会の政治的混迷・経済不況や学校の学力低下批判などの影響か，熱が冷めたようにみえる。後に述べるが，平成17年に発表された中央教育審議会の答申「我が国の高等教育の将来像」でも，従来，"21世紀の教育の中心的概念"といわれてきた「生涯学習」の用語は，ほとんど用いられなくなっている。"国家百年の計の基本"といわれる教育の根本方針が，一時的な政治・経済状況で簡単に変えられてはならないのに，すっかり忘れられたようにみえるのは，「生涯学習体系への移行」に関して根本から取り組まなかったことの表れといえるのではないだろうか[2]。

　本章では，21世紀に生きるわれわれとわれわれの子どもたちのために，わが国の教育・学習が実現しなければならないといわれている「生涯学習の教育体系」とはどのようなものなのか，またそれを実現するためにはこれまでの教育体系をどのように改革していくべきなのか，今，取り組まなければならない課題を成人教育・高等教育を中心に探っていきたい。

1．生涯教育と生涯学習

　まず，はじめに，生涯学習体系を理解するために，生涯教育や生涯学習の考え方が，わが国の教育施策として，どのような経緯をたどって教育体系に取り入れられてきたかを確認しておきたい。

(1) ユネスコの生涯教育の提唱

「生涯教育」という理念は，よく知られているように，1965（昭和40）年，ユネスコ（UNESCO）の成人教育部長，P. ラングランによって提唱されたのが最初とされている。ラングランは，生涯教育について「一生涯の間，絶え間なく続き，かつ公的，私的生活の全領域にわたって繰り広げられるべき"綜合"教育の理念」といい，さらに「生涯教育こそ一人一人の能力を充分ゆたかにのばし，その使命を達成させるための制度であるべき」だとしている[3]。

すなわち，それまで教育は，青少年期だけ，学校でだけ行われるものであり，卒業してしまえば関係なくなるものというような観念に縛られていた。個人の一生の，ある時期だけ特定の場所・方法でだけ行われるものであり，職業や生活とは切り離された存在と考えられていた。ラングランは，この切り離された教育と人生，学習と社会を統合しようと提案したわけである。

だから，教育は学校だけで行われるのではなく，家庭，職場，地域社会などあらゆる場で，青少年期だけでなく，一生涯にわたって行われるものであり，教育制度＝教育体制はこれを可能なようにするべきだとした。この提唱は，基本的考え方は世界の多くから支持されたが，実際に具体的な教育制度や施策をどのように改革していけばいいのか，教育は先進国と発展途上国などの社会・経済的状況の違いや，イデオロギー・宗教の相違などその国・地域のあり方に密接に関係しているため，統一的方法をつくっていくのは不可能で，それぞれの対応に任された。このため，生涯教育・生涯学習の具体的展開は，国，地域により大きく異なることになった。

(2) わが国の生涯教育・生涯学習施策の経緯

ユネスコの生涯教育の提案は，わが国にも直ちに紹介されたが，公式に取り上げられたのは，昭和46（1971）年の中央教育審議会（以下，中教審）と社会教育審議会（以下，社教審）の答申であった。

まず，中教審の答申「今後における学校教育の総合的な拡充整備のための基

本的な施策について」では，前文で，生涯教育の観点から全教育体系を総合的に整備することが今後の課題だと述べている。そして，従来の教育が家庭教育，学校教育，社会教育に区分され，それがあたかも年齢層による教育対象の区分であるかのように誤解されていると指摘している。そして「これまで，ともすれば学校教育に過大な期待を寄せ，かえって教育全体の効果が減殺される傾向にあったことを反省し，家庭教育や社会教育がいっそう重要な役割を果たす必要のあることを強調しなければならない」として，（教育全体の）共通の目標として「豊かな人間形成の助長」をあげている。

一方，社教審の答申「急激な社会構造の変化に対処する社会教育の在り方について」では，社会の激しい変化に対処するために生涯教育が必要であることを指摘したうえで，「生涯にわたる学習の継続性とともに，家庭教育，学校教育，社会教育の三者の有機的統合が必要である」としている。この答申では，とくに国民の教育的要求（学習ニーズ）が多様化し，高度化しつつあることに注目し，家庭・学校・社会教育は「その要求に応ずることができるように柔軟でなければならない」としている。

以上のように，この二つの答申は，高度経済成長がほぼ達成され，わが国が経済的に先進国の仲間入りを果たした昭和46年という時点で，社会構造の変化に対応するためには，ユネスコの提唱に沿って，それまでの学校教育中心の教育体系からの脱皮＝生涯教育という考え方の導入が必要・不可欠だという点で共通している。しかし，その根本として必須であるべき教育観についての共通認識は示されず，具体的な構想，施策が示されたわけでもなく，今後の課題とされただけだった。

というのも，昭和40年代のわが国は，イデオロギーの対立のなかで教育の課題も政治・社会問題として，文部省と教員組合，政府・与党と野党との対立のひとつとして扱われ，学校教育の見直しといってもその方法や内容，考え方が極端に対立しており，とても新しい共通認識や具体的な施策を出すための議論を深める状況になかったからといえる。

しかし，昭和50年代に入ると社会の激変に，従来の学校中心の教育制度がついていけなくなってきたことが，いよいよはっきりしてくる。そして，中教審は，昭和56（1981）年に，「生涯教育について」と題する答申を出す。この答申では，用語としての生涯学習と生涯教育を区別して，「生涯学習」は人々が自発的意思で生涯にわたって行う学習であるとし，「生涯教育」はその生涯学習のための環境や条件を整備・充実していく教育制度である，とした。そして，生涯教育の仕組みをつくるための課題として，教育機能の領域別に学習条件を整備するべきだとしている。

さらに，昭和59（1984）年に，わが国の教育制度を抜本的に改革すべく，首相の諮問機関として「臨時教育審議会」（以下，臨教審）が設置され，教育界だけでなく，政治，経済，文化など広く社会の各界の代表によって，多彩な議論がなされ，メディアでも注目された。臨教審は昭和60～62（1985~87）年の間に4次の答申を出したが，そこでは，「学習者の視点にたって一貫して生涯学習という用語を用いて」今後のあるべき教育を論じている。そして，その基本的考え方について「これからの学習は，学校教育の自己完結的な考え方から脱却して，生涯学習体系への移行を主軸とする教育体系の総合的な再編成を行い，新しい柔軟なネットワークを形成することである」としている。

そして，生涯学習体系への移行の基本方向として次の4点をあげている。

(1) 人間のライフステージ別，発達課題別の学習・教育について，その連続性，適時性，選択性などの諸問題を十分に配慮する。
(2) 学校教育，社会教育をはじめマスメディア，カルチャーセンター，文化産業などによる教育活動を，人間の各ライフステージとの関連において総合的なネットワークとしてとらえ直す必要がある。
(3) これに対応して，各省庁所管の関連施策を総合的な観点から見直す必要がある。
(4) 日本の特質を生かした生涯学習体系を構築する。

この臨教審答申の基本方向は，ユネスコの提案の精神を生かしつつ，わが国の教育の特質・現状に沿った改革を進めようというものであり，高く評価できる。

　政府は，答申に沿って「教育改革推進大綱」を閣議決定し，平成2（1990）年「生涯学習振興整備法」[4]を制定し，文部省に「生涯学習局」を設置するなど，施策の具体化に取り組んだ。

　しかし，その後，バブル崩壊による長期の日本経済の低迷もあり，総合的・包括的な教育改革はペースダウンし，義務教育の学習指導要領改訂（いわゆる「ゆとり教育」導入）や大学の独立法人化など，学校教育の改革が中心になり，「生涯学習体系への移行」という基本方向が陰に隠れてしまいがちになった。

　とくに，義務教育段階のいわゆる「ゆとり教育」が学力低下論争と絡めて厳しく批判され社会問題化すると，小泉内閣の意向もあって，文部科学省の施策文書から，生涯学習の用語がほとんどみえなくなってしまった。

　たとえば，平成15年度『文部科学白書』では生涯学習の記述はごく一部になり，平成17（2005）年1月の中教審答申「我が国の高等教育の将来像」でも，その「目次」や「審議の概要」にも「生涯学習」の用語はない。そして，「審議の概要」では次の五つの方向性を示している[5]。

(1) 誰もがいつでも学べる高等教育（ユニバーサル・アクセス）の実現
(2) 誰もが信頼して学べる高等教育（高等教育の質の保証）
(3) 世界最高水準の高等教育
(4) 「21世紀型市民」の学習需要に応える質の高い高等教育
(5) 競争的環境の中で国公私それぞれの特色ある発展

　この内容，とくに (1)，(4)，(5) は「人々の生涯学習のニーズに応える」ということであるが，なぜか，あえて「生涯学習」という用語の使用を避けているようにみえる。

(3) 「生涯学習」変質の背景

　最近，教育行政などの生涯学習への関心が薄れているようにみえるのは，どのような背景があるのだろうか。大声で叫ばれなくなったといっても，「生涯学習は必要ない」だとか「無意味だ」という声は聞こえない。詳しく調べると，むしろ「ますます重要になった」とか「生涯学習を前提にした議論だ」などと思えるものが大部分である。平成17年の中教審の高等教育に関する答申も「生涯学習」という言葉は使っていないが，その内容は生涯学習の発想そのものといってもいいのは先にみた通りである。

　これは，生涯学習（の教育体系）が，啓発の時期を過ぎて，社会に定着した証左という見方もできる。それならば，現在の進行を素直に見守っていればよい。果たしてそう安心してよいのだろうか。社会全体，一般国民の側からみれば，確かに，生涯学習が「名実ともに」徐々にではあるが定着してきていると思う。後で触れるが，人々の学習活動（広い意味での）は，これまでにない広がりと深みをみせはじめているし，それに応える，それを引き出す学習環境（学習の場や手段・方法など）も公的私的を問わず多様な展開がみられる。このような一般での広がりにたいして，明治以来わが国の教育体制を引っ張ってきた教育行政と政治，経済・産業界の関心が弱くなり，組織的・系統的な施策・取組みが熱心でなくなったのにはかなり違和感を覚える。

　この背景には，やはり1990年代の"バブル経済の崩壊"とそれに続く経済・社会の"グローバル化"の大合唱が最も大きく影響しているのではないだろうか。次項で紹介するように，昭和50～60年代（1975～90年頃）の「生涯学習」の盛況は，のちに「バブル」といわれる経済の好況のなかでの学習ニーズの高まり（それは，人々が望んだものでもあったが，産業界などの要請でもあった。）を受けて，自由時間・余暇の有効活用などとして官民あげてもてはやされたという事情が，大きく影響していたと思われる。振り返ってみると，上から指導された，とくに経済・産業界がはやした"学習ブーム"は，かなり薄っぺらのものだったのかもしれない。だから，バブルが崩壊し，経済・産業界のいわゆ

る"リストラ""グローバル化"のスローガンのもとに，民間企業から公的組織まで，ついには，福祉や教育という，かつて"聖域"といわれた分野まで「構造改革」「改革」の大波にさらされ，ゆとりをなくした結果，教育の世界でも理想とされた「生涯学習」が後退したのではないだろうか。

　しかし，人々の学習ニーズの高まりは一時のものだったわけではない。各種の調査や全国さまざまなところで目にし，伝えられる事象・活動からわかるように，人々の学習に対する態度・意識，活動はこの十年でますます盛んになり，しかも深まりをみせ，わが国がいよいよ，本格的な「生涯学習社会」に入ってきたと思われる。

　そこで，次に「生涯学習の教育体系」を考える前提として，審議会答申や各種の教育改革の提案で必ず根拠とされている「人々の学習要求（ニーズ）と学習活動」の実態，および，社会・個人にとっての教育の果たすべき役割・機能を確かめておきたい。

2．多様化・高度化する学習

(1) 調査にみる成人の学習

　われわれ，日本人の学習の実態—「どのくらいの人」が，どんな「内容」を，どんな「目的・理由」で，どのような「方法・手段」で，どのくらいの「時間」を使って，学習をしているかについて知っておく必要がある。このうち，子どもたち〜小・中学生や高校生については，わが国では，公的な学習（学校での学習）については「学習指導要領」があり，学習（教育）について質量ともにそのおよその実態が知られている。これに対して，学校以外の学習が大部分を占める大人＝成人の学習については，それが各人の生活に密着し，また生き方によって千差万別だ，ということもあって，その実態は各種の「調査」データによって知るほかない[6]。

　もちろん，青少年の学習でも，教育論議ではあまり対象にならない非公式の

学習活動が，実際にはかなり存在するが，ここでは，成人の学習について，1980年代から90年代にわたって全国を継続的に調べた「NHK学習関心調査」の結果を中心に実態を概観したい。この調査は，NHK放送文化研究所が昭和57（1982）年に第1回調査を行ったのをはじめ，昭和60（1985）年，昭和63（1988）年，平成5（1993）年，平成10（1998）年の5回，ほぼ20年にわたって，全国の成人（20〜79歳）を対象として，学習の行動と関心について同一手法で継続的に調査したものである[7]。

この調査の多岐にわたる結果を，一言で要約することは難しいが，あえて要約すると，以下の通りである。

① 成人の半分近く（40〜45％）が，現在なんらかの学習活動を行い，ほとんどの成人（90％）が，なんらかの学習要求をもっている（表1.1）。
② 学習内容は，現在学んでいるのは「趣味」「スポーツ」分野が多いが，今後学びたいことでは「教養」「職業・資格」「社会問題」なども含めあらゆる分野のテーマに関心がもたれている。また，その時々に多くの関心を集める〈流行する〉テーマがある。（表1.2）
③ 現在利用している学習の手段・方法は「グループ」「本・テレビなどのメディア」「個人教授」「学級・講座」などが多い。（表1.3）

表1.1 学習行動，学習関心ある人の割合の変化（％）

（NHK学習関心調査）

	1982	1985	1988	1993	1998
学習行動	40.2	50.4	45.0	44.7	40.1
学習関心（顕在的）	50.5	58.5	58.5	56.6	49.6
（顕在的＋潜在的）	86.8	91.2	89.6	88.6	89.8

（出典）NHK『放送研究と調査』1998年9月号

表1.2 領域別の学習行動率，学習関心率

(NHK学習関心調査，1998)(％)

	趣味・おけいこごと	スポーツ・体育・レクリエーション	家庭生活・日常生活	社会	教養	職業
学習行動	20.3	14.6	5.1	2.6	4.7	4.8
学習関心（顕在的）	24.3	14.9	7.3	3.3	6.3	9.0
（顕在的＋潜在的）	80.0	67.8	73.7	61.1	61.1	56.4

(出典) NHK『放送研究と調査』1998年9月号

表1.3 成人学習の方法

(NHK学習関心調査，1998)(M.A.)(％)

	利用している (100％＝総行動数＝1,152)	利用したい (100％＝総関心数＝1,392)
グループ・サークル	26.8	23.2
本・雑誌	25.6	20.1
知人・家族	14.0	11.7
テレビ	12.6	13.2
個人教授・塾	11.8	13.2
カルチャーセンター	10.4	25.1
学級・講座	8.9	10.6
新聞	6.2	2.4
カセット・CD	3.0	2.7
企業の教室	2.4	1.5
ビデオソフト	2.3	2.7
ラジオ	2.3	2.3
社会通信教育	2.2	5.6
パソコン通信	1.8	3.2
専門学校	1.5	2.4
職業訓練校	0.1	0.9
大学・高校の公開講座	0.1	0.4

(出典) NHK『放送研究と調査』1998年11月号，一部著者省略

　この調査結果で，まず注目されるのが，学習者，学習希望者の比率の高さである。この比率から実数を推計すると，わが国の成人人口，およそ1億人の40％，およそ4000万人が現在学習活動に取り組んでおり，90％，およそ9000万人が学習を希望しているという膨大なものであり，しかもそれが男女

を問わずあらゆる年齢層にわたっている。この巨大な学習需要（ニーズ）およびその学習目的（動機）や内容，方法などの多様さとレベルの高さから，わが国はすでに「(生涯)学習社会」に入っていると考えても，差し支えないのではないだろうか。

　もうひとつ注目したいのは，学習の方法，手段，場についてである。従来の社会教育で行政が力を入れ，研究などでも取り上げられたのは，"公的"（フォーマル）社会教育といわれる「公民館などの学級・講座」「各種の専門学校」「職業訓練校」「大学・高校の公開講座」等であるが，それらを利用している成人学習は（合計しても）11％弱であり，利用希望でも15％に達しない。これに対し，「グループ・サークル」「本・雑誌」「テレビ」「個人教授・塾」など，個人やグループで利用する"私的"（インフォーマル）な方法が，成人学習の方法としては，圧倒的多数である。

　すでに多くの研究者から指摘されているように，成人の学習の特徴は，青少年に比べて「多種多様」だということである。それは，学習の種類（内容），方法・手段，目的，レベル，期間・時間など，学習を構成する要素・条件が千差万別，一人ひとり異なるということである。これは，成人が「生活者として自立した個人＝大人」であると考えれば，当然のことといえる。だから，成人の学習の最も重要な特徴は，学習の主体が学習者自身であることである。青少年の学習の多くが「必要課題」（社会的な学習課題）に基づくのに対し，成人の場合は多くが「要求課題」（個人的な学習課題）に基づいており，それが，学習方法が"私的"なものが大部分という結果につながっているといえよう[8]。

　しかし，従来ともすると，教育行政的に把握しやすい「公的社会教育」に偏った成人学習のイメージが注目され，施設・設備，人的資源でもそこに力が入れられてきたが，調査によれば，その数十倍の学習活動が，私的に，民間で行われていたのである。そして，これらの私的学習活動の多様性は，第1回より第2回，2回より3回と調査ごとにより多様になっていく傾向が，顕著にみられた。また，学習内容や学習レベルも，回を重ねるごとに高度になっていく傾

向がみられた。

　先にみたように，近代化が急速に進み，科学・技術が進歩し，文化が多様化し，価値観が多様化するなかで，個人の生き方も多様化し自己の確立が求められる現代では，現実社会で生きている生活者としての成人の学習ニーズが高まり，多様化していくのは，必然のことだといえよう。

　では，成人の学習活動はどのように多様化・高度化しているのか，次に，いくつかの実例でみてみたい。

(2) 多様化する学習活動～事例に見る

　まず，学習活動がどのような状況になっているのか，まず学習者のグループの例をみてみたい。

〈例1〉

　新しい学習・活動の例として，最近，メディアで紹介された「おやじの会」が印象に残った。この会は，囲碁・将棋，園芸，釣り，野球，ドライブなど室内・野外の多彩な「趣味やスポーツ」を自分たちが楽しむだけでなく，野球大会，ダンスパーティー，釣り大会などのイベントに子どもや高齢者，女性など会員以外の人たちにも参加を呼びかけたりしている。そして，最近では，農業体験から里山保存運動へ，自然観察会から環境を考える活動などへと発展してきている。その際，会員たちはそれまでの経験で培ってきた技能やノウハウを互いに磨き合うだけでなく，講習会に参加したり専門学校などの講義を受講したりして，より高度な活動に対応できるようになっているという。

〈例2〉

　首都圏のある主婦のグループはとくに組織をつくってはいないが十数人のメンバーで活動している。はじめは，2，3人のグループや個人が個別に社会福祉施設でのボランティア活動やホームヘルパーをしていたが，何年かするうち

気の合う仲間が集まって，福祉施設のイベントやそこの入所者の誕生会などのプレゼント用に，手芸品を作って贈るなどの独自の組織的活動をするようになった。やがて，メンバーのなかから，本格的に福祉活動にかかわるため専門学校に通いケアマネージャーの資格を取る人や，手芸の技能を高めるため講座を受講する人，グループホームの立ち上げにかかわり組織の運営・管理や経理を学ぶ人などそれぞれの興味と能力にあわせて，専門的な活動と学習を個別にしながらも，当初のグループ活動も地道に続けている。

　一方，学習者のニーズを受け入れる側の例として，最近急増している大学の社会人学生に注目したい。筆者が勤務していた大学でも，近年「社会人経験をもった学生」が目に見えて増えている。高校を卒業してそのまま入学してくるのでなく，いったん社会生活（仕事や子育てなど）を経験した人が，あらためて大学で学習したいと，明確な学修動機をもって入学・編入してくる。大学も「社会人入試制度」を設けて，社会人の大学入学を容易にしている。その人たちの年齢や経歴は実にさまざまである。何人かの例を紹介する。

　甲さん
　　30代の看護士の女性。医療現場で病気と闘ったり悩んだりしているさまざまな患者と接して，医療の技術や知識だけでは不十分と感じて「臨床心理」を学ぶために入学した。
　乙さん
　　通信会社を定年退職した男性が，故郷に戻って自分の職業経験を地域活動にどう生かしていけるかを学びたいと「生涯学習」を学ぶために入学した。
　丙さん
　　地域の活動を続けている主婦が，ある程度責任ある役を引き受けたが，高齢者のサポートで問題が起こったときに人間関係で悩み，どうしたらよいか「社会福祉」を学ぶために科目等履修生として登録した。

これら，社会人学生は，通常の高校卒業から直接大学に進学した学生に比べまだ少数であるが，どの人も，受講態度は真剣であり，実社会での経験に基づく学修への姿勢が教師や他の学生も真剣にさせるという好影響も含めて，授業の活性化に大いに貢献している。

〈例3〉
　学習を支援する公的組織での取組みの例として，国立女性教育会館がまとめた『キャリア形成に生涯学習を生かした女性たち』（平成16年）には，生涯学習を通じてキャリア形成に取り組んでいる20人の女性の実例が紹介されるとともに，女性のキャリア形成に役立つ情報が具体的にあげられているが，そこには，従来からの趣味，家事に関することもあるが，むしろ「女性の働き方講座」「再就職支援講座」「起業支援」「地域リーダー養成」から「政策プランニング」「NPO・ボランティア」などの高度・専門的な学習の情報の手引きが紹介されている。

　これらは，多様な成人の学習のほんの一端であるが，これらの事例からもわかるように，成人の学習が多様化，高度化しているといっても，単純に，一律に，学習している人，したい人が増え，またその学習のレベルが高くなっている，というだけではない。現実の社会でのさまざまな課題・困難に直面し悩んだ人々が，個人あるいはグループの学習者として，生活から課題を突きつけられて学習する，その学習を実社会の活動に生かす，という相互作用を通じて，その双方が，質的に次元が高まってきているという例が多い。
　先に述べたように，昭和50～60年代には経済成長を背景に，企業の経営，行政の財政，また個人の暮らしも"ゆとり"ができ，それまで経験したことのない豊かな社会状況が現出した。そして，教育行政（企業も）主導の"学習ブーム"が現れた。しかし，バブル崩壊とともに，終身雇用などの日本型経営の否定（リストラ，成果主義などへの転換）などから，それまで信じてきた企業（会

社）中心の人生がもろくも崩れ去った。一方，政治・経済界の意識変革を受けて教育行政は，盛んに推奨していた「生涯学習」への誘導政策を，「子どもの居場所作り」「成人の職務能力の自己開発」など，個人や家庭，地域が自ら生活を切り開いていく，いわゆる「自己責任」の生き方へと，転換してきている。

　これを個人の側からみれば，かつての家族，地域社会への依存から，会社，行政頼りへと転換してきたのに，それらが崩壊・変質してしまい，これまでの世間・集団に頼れないことを身にしみて感じ，結局は「頼れるのは自分だけ」「自分を磨くしかない」となっていったのではないだろうか。そうしたなかから，資格などの職業能力を身につけたり，自分らしく生きる（自己実現）ためのさまざまな学習や活動を，なんとなくやらされたりブームに乗ったりするのではなく，自らの意思と責任で取り組むようになったといえるのではないだろうか。それは，一面，ゆとりのない（もがいている）ともいえるが，本当の意味での「自らの学習・活動」を始め，それが契機となって，個人のみの関心（自己中心の学習）からより他の人，社会へ目が向くようになったといえるのではないだろうか。

　このように，同じく「学習ニーズが増大し，多様化し，高度化した」といっても，昭和60年代と平成10年代では，その質，内容が異なっていると思われる。

　以上の「学習ニーズの多様化・高度化」の社会的背景と，それによって生じてきた，新しい問題をまとめておく。

①新しい状況—家族・地域中心の生活から，個人・都市中心の生活へ（近代産業システムの歯車としての存在）—伝統的人間関係・絆=教育力の弱体化
②それらの状況の変化に対応した施策の立ち遅れ，旧態依然とした教育界の意識
③行政・企業などに頼らず，自主的に学習と活動を連関させながら双方の質を高めて新しい家族・地域の人間関係が生れている。

④そのなかから、まったく新しい「生涯学習」を実践している人々が生まれてきているのであり、行政が生涯学習から目をそむけ、生涯学習が停滞しているかにみえるが本当の生涯学習社会のベースができつつあるとみられる。

それだからこそ、今、このような新たな状況に対応した、新たな教育のあり方が制度的にも確立されることが緊急の課題とされているのである。

3．社会の変化と教育の果たすべき役割

(1) 社会の変化と教育

これからの教育体系のあるべき方向を探っていくために、ここであらためて、社会において教育が果たす役割、または、教育に期待されている役割・機能はどのようなものだったかを考えてみたい。

近代社会という新しい世の中をつくり上げていくうえで、教育は最も重要な柱の一つであった。近世までは支配者、支配体制の交代に際して、政治・軍事的な制度—いわゆる統治機構を確立していくことが最優先されてきた。その際、その社会が継続・発展していくためにも支配層を形成するための人材の養成としての教育がきわめて重要だという考えは、古代から洋の東西を問わず存在した。ギリシャの哲学者たちや孔孟などをはじめ、教育・学習の重要性を説く教えはいつでもどこにでもあった。しかし、近世以前は、社会やそれぞれの分野の指導者たち、いわゆる「上に立つもの」の心構え＝修養論として説かれていた。したがって、国民全体の教育についての考慮はさして重視されないのが一般的であった。

これに対し、近代社会は、国民国家といわれるように国民全員で成り立っているものであるから、わが国という意識をもった国民をつくり上げそのなかから指導層を育てる必要があったし、近代社会のもうひとつの側面である産業社

会のためにその要員としての「勤労者」をつくり上げる，親・地域から受け継ぐのではない新しい能力をもった人を養成する必要があった。この大量の国民と勤労者の育成のため，教育を効率的に行う制度・システムが「学校制度」だといえる。

　この学校制度は，近代化が進展するにしたがい充実・整備され，やがて社会の多様な要請に応じて，教育レベルとしては初等教育・中等教育・高等教育（幼稚園，小学校，中学校，高等学校，大学，大学院）を，また，教育内容としては普通教育，職業（実業）教育，専門教育など，レベルと内容の両面を組み合わせて，きわめて合理的・機能的に組織されるようになった。この学校制度が，近代化のためによく機能して，有能な国民を育成するのに成功したのが先進国ともいえる。しかし，近代社会が成熟するにつれ，学校への過度の依存が生まれ，「学校信仰」「学歴偏重」などといわれるように弊害も目につくようになり，速やかな改革・改善が叫ばれるようになった。もちろん，それは，学校制度そのものを否定，廃止しようというものではなく，あくまでも，社会の変化に対応した学校教育制度を求めてであった。

　わが国では，近年，学校が社会の変化に対応していないといわれている。しかしそれは，最近の言われ方であり，わが国の教育は近代化の歴史のなかで，むしろ反対に「学校を中心とする教育が，人々（社会）の変化を引っ張ってきた」といえる。明治初年の「学制発布」以来，国は学校を核に社会・国民の近代化（文明開化）をリードしてきた。戦後の半世紀も，アメリカの指導のもとに「民主社会」に変革するために学校教育・社会教育が大きな役割を果たしてきた。この学校が国民を引っ張るという，教育と社会との関係が，新しい時代を迎えて，根本から変わらなければならなくなったのである。

　それでは，新しい社会で求められている教育の役割・機能はどのようなものであり，それに対応した教育制度，とりわけ「学校制度」はどのような姿になるのだろうか。

(2) 生涯学習体系と学校教育

「生涯学習」は，"だれでも，いつでも，どこでも"のスローガンで表されているように，「全ての人が，自己の能力の充実や生活の向上そして社会貢献のために，生涯にわたって，あらゆる機会に，主体的に，学習すること」である。このため，学習（教育）の機会・場・方法として考えると，「家庭」「社会（地域，国，世界）」「学校」のいずれもがバランスよく準備されていることが重要であり，それらが互いの連携，協力のもとに，学習者・学習希望者の学習環境（学習条件）を整えていくことが必要である。そして，そのなかでも「学校」は教育・学習の専門機関としての機能を発揮することが期待されているし，当然の責務である。いうまでもなく，その歴史と伝統の上につくられた「学校の制度と組織」は，施設・設備はもちろん膨大な専門家集団（教員等）とカリキュラム・教材や運営ノウハウなどをもっており，何よりも先人の努力で培われた社会的信頼感があるので，生涯学習を進めていくうえでの中核となるべき組織として，最適の条件（生涯教育）をすでに備えているといえる。

最近，家庭や地域の教育力が低下したとの指摘が各方面からなされているが，それは，戦後のわが国が社会の変革のために，それまでの国民生活の中核であった家庭や地域を（封建的などの名のもとに）変革・破壊したのに，新しい「家庭像」「地域像」がいまだつくられていないことの結果である。この面からも，学校教育の社会に対する責務は重大であるのに，現実社会に対応できない責任を家庭や地域に押しつけるのは，近代化の過程で自らが果たしてきた役割に頬かむりをする，責任回避といわれても致し方ないのではないだろうか。

いまこそ，新しい「生涯学習体系」を形成していくなかで，学校が何を果たすべきか，どのような役割を負えるのかを，自ら提案すべき時ではないのだろうか。

生涯学習における学習課題には，前述のように，必要課題と要求課題があるが，成人の学習・社会教育が要求課題が中心なのに対し，憲法・教育基本法の「国民がその保護する子女に受けさせる義務を負う普通教育」（いわゆる義務教育）

としての学校教育は，必要課題が中心になる[9]。

　学校のレベルでいえば，小学校・中学校は，社会の側からも個人（学習者）からいっても，必要課題中心であるから，学習指導要領に代表される，社会的要請に沿った教育が行われる。これに対して，高等教育，とくに大学・大学院は，社会の側からいえば社会的な要請（必要課題）が重要といえるが，学習者の側からいえば本来，成人（社会人）の要求課題に応える機能が期待されている。そして，高等学校は普通教育と高等教育の間の経過の役割，小・中学校からみればより発展した学修が期待されているし，大学からみれば高度・専門教育を受けるための基礎的能力の習得が期待されている。

　これが，総論的にみた学校教育制度のあるべき役割・機能であろう。

(3) 生涯学習体系と高等教育

　生涯学習社会では，学校は家庭，地域とお互いにその役割・機能を相互補完しあわなければならないが，初等教育では家庭や地域の役割が現在以上に重要になってくるし，一方，成人教育では学校の役割がこれまでとは異なる新しい機能を期待されている。そうしたなかで高等教育は，どのように変わっていくことが求められているのだろうか。

　高等教育が担う役割・機能を，大きく「教養（市民）修得」「実務（職業）能力育成」「学問（研究）能力育成」の三つに分け，高等学校はそれらの基礎を，大学はその中核を，大学院はさらに高度な専門性育成を，それぞれ担当するべきであろう。

　なお，現在の大学の機能は「教育と研究」とされているが，ここでは教育に限定して考察する。教育，とくに高度な教育にとって研究の裏づけは欠かせない，必須のものであるが，大学院レベルならともかく，学部レベルではそれは教員の側の問題であり，学生の学修にとっては教育を主体に考えることが適切であろう。

　日本の高等教育（大学）は，明治・大正期は　西洋流の学問・科学の導入と

それを身につけた専門家の養成が中心だったが（旧制高校，帝国大学），戦後，アメリカの教育制度の導入で，新制高校，大学は教養中心の市民教育が中心になり，きわめて広範囲の人々が高等教育を受けられるようになった。いわゆる，大学教育の大衆化であるが，しかし，その結果，大学のレベルの低下，学生の学習意欲の低下が問題になり，とくに産業界からの現状批判と改革要求が強くなっている。もっとも，高度成長期以後，日本的雇用形態による企業内職業訓練で業績を伸ばした産業界は，「大学に特別な能力の育成は期待しない，ただ丈夫な体と素直な態度さえ育ててくれればよい」とまで言っていたが，バブル崩壊後は，一転して「実務能力の育成」を期待しての批判，要望に変わったという側面も見逃してはならないだろう。ただ，繰り返し述べるが，大局的にいえば，教育は社会の変化に対応していくべきであり，それを自主的に行うか，ほかからの圧力で行うかの違いであろう。

中教審が平成17年に相次いで出した答申「我が国の高等教育の将来像」「新時代の大学院教育」では，21世紀を「知識基盤社会（knowledge-based society）」の時代として，社会の発展にとって高等教育（大学，大学院）の充実・発展が不可欠であり，大学・大学院は「教育と研究はもとより社会貢献（地域社会・経済社会・国際社会等広い意味での社会全体の発展への寄与）の重要性が強調されるようになってきている」から，（大学・大学院は）「ユニバーサル・アクセスの実現」のために，社会・人々の多様な要求に対応できるように変革していかなければならないとしている。

ここでは「生涯学習」という言葉は用いてはいないが，実質的には，生涯学習体系（教育システム）のなかでの高等教育（大学・大学院）の現代の責務を述べているといっていいだろう。

生涯学習に対応した教育システムは，「初等教育〜高等教育」などの教育レベル，「家庭，地域，学校」など教育の場だけでなく，「教養的，実業的，趣味・娯楽的，社会的」など内容や運営主体，公的資格との関連，経費の負担など教育にかかわるすべてを包含したものでなければならない。本書では，初等

教育については2章（17ページ）で取り上げるので，ここでは，生涯学習時代の高等教育，特に大学について考える。

(4) 生涯学習時代の大学

　最近，「門戸は開放，出口に壁」という大見出しで新聞報道された（『東京新聞』特報面，平成17年9月26日付）。この記事は，「日本学術振興会の特別研究員の募集が『34歳未満』と年齢制限があり，社会人経験を経て大学院で学んだ人の多くが，その資格がなく研究奨励金を受けられない。これは，生涯学習を勧め社会人経験を持つ者の高度な勉学を勧めている文部科学省の施策に矛盾している」という趣旨であり，さらに「大学や，研究機関の募集条件も，実質的に年齢制限があり，研究者の未来を閉ざしている，として，これは現実社会の動きについていけない国の施策の遅れの表れだ」という評論家の意見で締めくくっている。

　この記事は，当事者の一方の立場を代弁したもので，その妥当性は事実を検証してみなければなんともいえないが，しかし，現在進められている高等教育改革のちぐはぐさ，総合的観点からの施策の統一性，一貫性の欠如による現場の混乱した姿をついていると思われる。

　そこで，ここではこれまで述べてきたことの結論という意味も含めて，先述のP. ラングランの「生涯教育の提言」には遠く及ばないのは覚悟のうえで，それにならって，「生涯学習時代の高等教育」を提案してみたい。

大学（大学院）の開放を ——「象牙の塔」から「知の広場」へ
　1．人の開放
　　　学生 ——
　　　　　○ 正規在学生だけでなく科目等履修生，短期在学生，単位互換制度生，公開講座学生など，多様な学習者の学ぶ場へ。
　　　　　○ 高校卒業から直接入学する18歳を基本とするのではなく「学

びたい時に学生になる」の実質化を。

教員・研究者 ——
- 教育者と研究者の役割の明確化を進める（もちろんすぐれた研究者は研究のよきモデルであるが、学習者の才能を引き出し、伸ばす教育者の能力とは必ずしも一致しない）
- 年齢・資格重視からの脱却（最近、評論家の立花隆＝東京大、建築家の安藤忠雄＝東京大、映画監督のビートたけし＝東京芸術大、芥川賞作家の高樹のぶ子＝九州大など国立大学でもその分野で一流の業績をあげている人を資格（学歴、論文業績など）にかかわらず採用しており、私立大学でも芸能人などを特認教授として採用している。しかし、その多くが、芸術などの感性の分野であり、まだまだ「大学冬の時代を迎えての受験生集め」、マスメディアの話題になるということが先にたっているきらいがある。）
- 研究・論文重視から教育・指導とのバランスを

2．場の開放
- 施設，設備の利用の開放（実費徴収も含めて－現在の博物館，ホールなどをもっと広げる）。
- 学習の場の開放＝学内に限定せず、大胆に学外、実社会や諸教育施設を活用して学ぶ

3．内容の開放（最も重要）
- 上記を含め、カリキュラム、履修規則などのさらなる柔軟化
"一部のエリート・リーダーのための「学問の府」「象牙の塔」から、あらゆる人の学習ニーズ、社会の研究・教育ニーズに応える「知の広場」「教育・研究の宝庫へ」"

おわりに ── 新しい大学の提案

　新しい大学は，理念的には上記のように変革することが必要と考えているが，ここでは，これまでの筆者のわずかな体験を踏まえて「こんな組織・機構はどうだろう」という，大学の「組織・機構」の面での改革案を提起したい。一面的な，思い付きとのお叱りを受けるのを覚悟のうえで，よりよい大学教育を求めている当事者をはじめ，多くの方々のご検討，批判をお願いしたいと思いあえて提案する。

大学組織（試案，名称はすべて仮）

組織

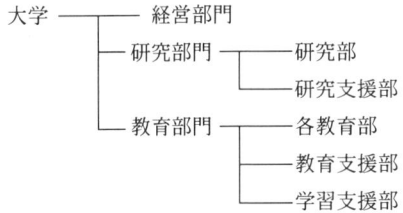

運営組織
　　経営協議会 ──── 全学運営協議会 ──── 部門運営会議 ──── 部会議

要員構成（教育部門）
　各教育部 ──┬── 教育主任（部・科・専攻の教育全般についてのマネージャー・コーディネーター。人事，予算，カリキュラム編成，スケジュール等の管理権限・責任をもつ。基本的には教授から選ぶ。副主任などの補助者も置く）
　　　　　　 └── 教授（実際の教育担当者のチーム。各授業課程の内容，方法等を立案，実施する権限・責任をもつ。教授，准教授，助手，客員教授等の複数の職階で構成する）
　教育支援部 ──── 教育支援者（教授と協力して授業実施の支援をする。授業運営，教材作成，設備・施設管理など。ソフト・ハードの専門技能者）
　学修支援部 ──── 学習支援者（学生の学修の支援をする。助言・相談に当たる。教授と学生の仲介者。教育専門家）

注
(1) 臨時教育審議会「答申」では，提言の基本的考え方として「これからの学習は学校教育の自己完結的な考え方から脱却して，生涯学習体系への移行を主軸とする教育体系の総合的な再編成を行い，新しい柔軟なネットワークを形成することである」としている。
(2) 大学生の学力が低下しているという批判が，学習指導要領改訂批判（いわゆる「ゆとり教育批判」）と連動し，相互増幅して，1990年代の教育改革の流れを大きく変えてしまった。その背景には，バブル崩壊後，長期にわたって回復しないわが国の経済状況を反映した，少子・高齢化社会を迎えての政治・経済・社会に対する人々の，不安，不満がある。その人々の不安の責任を，教育界に押しつけたという側面も見逃せないと筆者は感じている。「民営化改革」をスローガンとする政府は，"学力とは"の議論・検討には触れずに，学習指導要領の基準性の変更で収束をはかった。また，学校制度の改革は国立大学の独立法人化や学校経営に企業の参入を認める，社会教育施設・事業には民間委託化など，具体的改善というと聞こえはいいが，「生涯学習体系への移行」のような根本的改革は先送りして，とりあえず大衆受け（メディア受け）しやすい改善になっているのではないだろうか。
(3) P．ラングラン，波多野完治訳『生涯教育入門・第一部』全日本社会教育連合会，1967．ラングランの生涯教育論については，大串兎紀夫『生涯学習概説—「学び」の諸相—』学文社，1997，pp.21-24参照。
(4) 正式には 「生涯学習の振興のための施策の推進体制等の整備に関する法律」（平成2年7月施行）
(5) 「目次」「審議の概要」は文部科学省ホームページより。また答申「本文」でも"生涯学習"の用語はほとんど用いられておらず，「21世紀は『知識基盤社会』(knowledge- based society)の時代である」「学習機会に着目した『ユニバーサル・アクセス』の実現が重要」などの表現で，従来の「生涯学習の教育体系」を表現している。
(6) 学習ニーズについての調査は，国をはじめ，都道府県・市区町村などの自治体，放送局，新聞社などで数多く実施され各種の結果が発表されている。これらは，それぞれに貴重なデータであるが，調査の対象・手法などが異なるため，正確な意味での比較・検証はできないが，おおよその傾向の比較は可能である。
(7) 「NHK学習関心調査」については，「NHK放送研究と調査」（NHK放送文化研究所）に各回の調査結果が発表されているほか，第1回～第3回調査の結果をまとめた報告書『日本人の学習—成人の学習ニーズを探る—』（第一法規出版，1990），および第4回，第5回調査の結果をまとめた原由美子『成人学習の現在とテレビの利用』（『NHK放送文化研究年報第44集』）などに詳しい調査結果が報告されている。
　　　　また，概略の傾向については，大串兎紀夫『生涯学習概説—「学び」の諸相—（第2版）』（学文社，1992）Ⅲ章を参照。
(8) 成人の学習の特徴については，大串，前掲書，Ⅱ章「いつでも，だれでも～成人の学習課

題参照。
(9) 学習課題,必要課題,要求課題については,大串,前掲書,Ⅰ章 (pp.19-20) を参照。

第2章　生涯学習時代の学校教育の役割

はじめに

　最近,「学力」「ゆとり教育」など学校にかかわる問題がメディアに取り上げられることが多い。"一億総教育評論家"といわれるほど国民の教育への関心が高いわが国では, メディアにとって「学校」や「教育」はいつの時代も, ほめるにしろ, 批判するにしろ格好の話題であるから, ニュースや論評の素材（いわゆるネタ）になること自体は珍しくもないし, 当然といえる。しかし, 最近の取り上げられ方は, これまでとは少し趣が異なっているように思える。それは, 取り上げられるのが「学力の低下」など教育課程（カリキュラム）や授業の内容が中心になっているということであり, これが最近の大きな特徴である。

　かつて, 教育や学校については, 普通, 自分の子どもが学齢期にある人（学校に通っているかこれから入学しようとする子どもをもっている人）が興味をもつのであり, したがって人々の興味・関心の対象となるのは, その学校がどんな学校か, どんな先生がいるか, どんな友達がいるか, 学費はどのくらいかかるか, 卒業後の進路の見通しは, など極めて具体的な身近な事・物に集中していた。

　一方, メディアが取り上げる教育, 学校といえば, いわゆる「教育問題」「学校問題」であり, 政治（行政それもイデオロギーがらみが多かった）, 経済（財政や教育費負担など）や労働問題（教員の待遇など）が中心で, 時に教育の中身, 質などが取り上げられても, それはイデオロギーに絡んでの場合がほとんどであった。

　それが, 最近, 学力を中心とした教育の内容やカリキュラムに関することが主として取り上げられているのは, どのような社会的背景によるものであろう

か。メディアはこれまでと同じく,時の「権力」を批判するためにもっともわかりやすい問題提起をしているだけであろうか。あるいは,より本質的な「成熟社会」「少子高齢化」など社会の構造の変化がその背景にあって,問題の取り上げ方が,より本質に迫っているのであろうか。

私は,後者,社会の変化……21世紀社会への変化がその根っこにあり,「生涯学習」こそがそのキーワードだと考えているが,メディアの取り上げ方をみても,中央教育審議会への文部科学大臣の諮問をみても,この視点からの論議がほとんどなされておらず,昔の形に戻そうとしたり,教員や教育行政の責任追及ばかりが急だったりしているようにみえる。そこで,本章では,「生涯学習の視点」からみた学校教育の役割・位置づけを,主として小・中学校に絞って考えてみたい。

1．学校教育の現状と課題

(1) "学校は当たり前" ── 学校教育の普及・陳腐化

現在,学校は,いわゆる6・3・3・4の「小学校,中学校,高等学校,大学」および「高等専門学校,盲学校,ろう学校,養護学校および幼稚園」をさしている(学校教育法第1条)。このうちいわゆる義務教育の小・中学校への統計上の就学率は,養護学校等を含めればほぼ100％を達成しているし,高等学校進学率も昭和49(1974)年に90％を超え,平成7(1995)年以降95％を上回り,大学進学率(短大含む)でさえ平成になって45％を超えている。これは,該当する年齢の子どもたちの大部分が,高等学校に進学して初等・中等教育を受けており,ほぼ半数が高等教育を受けているということである。ようするに,わが国では,学校で学ぶことは,当たり前のことになっているのである。

戦前はともかく,第二次世界大戦後,義務教育が中学までになっても社会・学校の条件整備が不十分であり,また,本人や家庭の事情などで就学が困難な子どもがかなり存在し,義務教育レベルで就学率がほぼ100％になるのは,よ

うやく昭和54（1979）年の養護学校義務化が実施されてからである。また，高校進学率が50％を超えるのは昭和29（1954）年であり，高度経済成長がかなり進んだ昭和40（1965）年にようやく70％を超え，さらに，大学進学率（短大含む）が20％を超えるのは昭和44（1969）年，30％を超えるのは昭和48（1973）年であった。つまり，皆が小学校・中学校に通え，高校進学や大学進学が珍しくなくなったのは，高度経済成長が達成された後であった[1]。

"学校で勉強する・できるのは当たり前"はせいぜいこの30年ほどのことであるが，それにしても，この「学校教育の完璧ともいえる普及」状況が，歴史的にいっても，世界の他の国と比べても，わが国教育の第一の特徴であろう。

教育が普及することは，すばらしいことである。日本をはじめ，世界中の国々は教育の普及，とくに初等教育の充実（小学校就学率100％）に多大な努力をはらってきたが，多くの国ではさまざまな理由でなかなか実現していない。先進国といわれる国でもなかなか実現していない状況に，日本は，"やすやすと実現してしまった，なんとうらやましい"とみていることだろう。

しかし，教育の普及は，一方では，いわゆる「教育の大衆化」といわれるように，マイナスの面でとられることもある。すなわち，人々にとって学校教育が陳腐化してしまうという側面である。学校があまりにも身近で当たり前になった結果，われわれの生活，ひいては人生にとって「教育」「学校」がどうかかわり，どういう役割を果たしているのか，くれるのか，をあまり考えなくなったのではないだろうか。学校や教育について考えたり行動したりする時は，一般の人々も教員・教育行政担当者も，さらに教育学者さえ，自分自身や身内の利益にかかわる場合だけしか考えないことが多くなっているのではないだろうか。

要するに，教育・学校というきわめて公的な問題も，近年のわが国の社会状況の風潮である「自己中心」的なとらえ方になっているのが，その底流となっていると思われる。

(2) "先生なんて" ── 専門家への評価の低下

　普及することと裏腹に，あるいは必然的に，学校そのものに対する社会，とくに父母の評価が低下した。それは，学校という組織や制度への評価はもちろん，それを構成している教員・行政やそこで使われる教科書，教育内容，そして，その成果－そこで育てられる能力・技能などへの評価の低下に及び，さらに学校教育によって形成される個人の履歴－「学歴」への不信感にもつながっているようにみえる。

　また，教育－とくに高等教育の普及は，教師より高学歴な親の増加をもたらし，親が教師を尊敬するということがあまりみられなくなり，必然的にその子どもの先生に対する見方が大きく変わってきたといえる。

　しかし，その根底に戦後の民主的人間観－すべての人は平等という人間観があるように思う。その人間観を拡大解釈し，子どもと大人も対等という社会や家庭の感覚が安易に広がった影響が，学校における児童・生徒と教員との関係にも反映していることは明らかである。この傾向をさらに極端にして，大人や先輩を尊敬することは，江戸時代の封建社会を支配した儒教の発想であり否定されるべきだという論を立てる者もおり，これが，教員を尊敬することを否定する雰囲気につながっていくのは，当然の流れだった。

　この戦後社会を支配した価値観・人間観は，別の言い方をすれば「権威の否定」ということであり，教育の世界でそれが現れた典型が，1960～70年代の大学紛争であるが，それは何も，過激な思想に触発された学生たちが，若気の至りで暴発したのではなく，戦後の社会がつくり上げた思想状況が，高度経済成長の成功による物質的繁栄を背景に，典型的なかたちで現れたにすぎない。

　教育には本来，文化の「継承」と「創造」の両面があるが，植物にたとえればその根や幹は継承であり，その基礎の上に創造・独自性の花が開き実を結ぶのであるが，行き過ぎた権威の否定－古いものをすべて認めず，新しいものだけに価値を認めることは，結果として自分以外すべてを認めない，自分に都合のよいことだけしか認めない，自己中心の，無責任な生き方へとつながってし

まったのではないだろうか。きれいな言い方で「価値観の多様化」といっても，結局，自分本位の人々を育ててしまったともいえよう。

このようにして，権威の過度の否定，平等観の行き過ぎが，一方で，専門家の軽視にもつながっているといえる。時間をかけて，一つのことに取り組みその分野のエキスパートになるように努力することは，あまり価値がない，ばかばかしいことだ，という経験や継承を軽視する風潮が，メディアなどを通じ社会（大人の世界）に広まれば，子ども・若者はそれを増幅して受けとめるであろう。

かつては，近代化を進める国・政府の権威を背景に，"先生""教師"と呼ばれ，小学校の教員は「教育専門家」としてだけでなく近代的生き方の体現者として地域社会の尊敬を集める存在だったし，中学，高校，大学の教員はさらに「学問の専門家」として権威さえもっていた。そのことが否定されたのだからこそ，専門性の否定のなかで，教員の評価が大きく低下するのはやむをえないことだった。

さらに，それに輪をかけて，教員たち自らが「教育労働者」とか「サラリーマン」としての側面を強調した結果，専門職としての社会の認知度が低下していった。教員のなかには，それをよしとするものさえ多くなっていったようである。

同様のことは，カリキュラム（教育課程）や教科書などの教育内容についてもいえる。かつての国定教科書など国による教育内容の統制への批判・反省から，学習指導要領や教科書検定などについても，数々の批判がされ，論議され，裁判で争われるまでになった。さらに，教育制度もその批判，論議の対象であった。もちろん，批判・論議はされなければならない。しかしそれは，国民全体，公共の福祉のためという立場で，一定の結論を出さなければ，いたずらに社会に混乱を招くだけに終わってしまう。

とくに，小学校，中学校は，義務教育（子どもの養育責任者，親や行政，社会の義務であって，国民・子どもにとっては権利だが）は，すべての国民が，平等に社

会化するのに必要な基礎的能力を身につけるための組織であるから，それこそ"小異を捨てて，大同につく"でなければならないはずである。それが"小異にこだわり，大同を忘れる"結果だったのではないか。

　この半世紀にわたって，むしろ混乱することをよしとしてきたのではないだろうか。教育が，個人—私だけのものであればそれでもかまわないが，社会的側面—公の側面がまったく見過ごされてきた，というより，意図的に無視・否定してきたように思える。教育の新しいあり方をつくり出すには，多大のエネルギーとそれぞれの痛みがともう。それを避けて（逃げて）妥協のなかでやり過ごし，やがて，世界的な潮流としていわれだした「価値観の多様化」だからやむをえないとして，納得させよう，しようとしてきたのではないだろうか。

　これが，教育のなかでも公的側面が強い初等・中等教育—いわゆる義務教育の混乱・退廃を招いた大きな背景と考える。

(3) "まるで別世界" ── 学校の社会状況との乖離

　これまで述べてきたような社会的状況があったとしても，教育の当事者たちのなかでそれを踏まえて大まかでも新しい教育理念が合意され，それに基づいて，教育制度，カリキュラム，教育内容の大枠ができる，またはつくられる過程にあったのであれば，今日のような混乱・退廃の状況には，ならなかったのではないだろうか。今日の，学校教育の混乱・退廃の責任は，当事者である教員と教育行政当局にあるのは自明のことである。

　とくに，明治以来わが国の教育は，欧米諸国を手本に政府（お上）がつくった学校教育中心の制度のもと，学校教育の当事者たちは使命感をもって取り組み，国民をリードしてきたという歴史から，専門家としての強い自負をもっていた。それが，年月を経るうちに「教育のことはわれわれに任せておけ，素人は口を出すな」という，思い上がりになっていったのではないだろうか。

　どんなにすぐれた人でも，権力のなかで長く過ごし，自己評価だけの（見せかけの）権威をもっていると，周りが見えなくなる，状況がわからなくなる。

いわゆる「裸の王様」である。学校も裸の王様になっていなかっただろうか。実際の学校教育で社会の実情とずれていた例を具体的にいくつかあげてみたい。

　まず目につくのが、１年を通して行われる学校行事である。子どもにとっても親にとっても、通常の授業と違い「運動会」や「学芸会」「遠足」などの学校で行われる行事は、教育・学習活動にとって、きわめて有意義なのはいうまでもない。現在、学校行事は地域など学校の外とは関係なく学校独自の教育活動として、教員によって計画・実施されてる。

　私が小・中学生だった50～60年前は、運動会や学芸会、遠足は子どもにも親にも地域の人々にとっても、季節ごとの行事として、正月、盆、彼岸、七夕、秋祭りなどの伝統行事と同様、なにか晴れやかな、楽しいものであった。小学校の運動会には、学校に通う子どもがいない人も加わって、地域総出で参加していたと思う。遠足も地域の公園や名所に歩いていくことが多かったが、その途中、地域の人とのふれあいがあった。まだ学校が地域共同体の一つの核として機能していたのであろう。その象徴が、学校行事への参加だった。

　それが、高度経済成長を経て、地域の変質もあって、学校と地域の間に距離ができるに従い、学校行事は、学校独自のもの、地域とは関係ないものとなっていった。前にも述べたが、「教育は学校に任せろ、口を出すな」という意識も手伝っていたかもしれないし、「特別教育活動」として教育的には純化したのかもしれないが、教育のより重要な側面・社会とともにという面が薄くなっていった。また、受験競争にあおられて、知識中心の学力への傾斜もあって、子どもが、楽しむ、わくわくする行事ではなくなっていった。

　運動会で、競争が排除されたり、遠足を社会見学として内容がいわゆる「教育的」になるに従い、子どもの興味を引くものではなくなってきた。しかも、遠足がバス・鉄道を利用する旅行業者に任せる「旅行」になったりと、手づくりの良さが失われてしまった。

　一方、授業の内容である教育科目（教科）、とくに小学校、中学校の教科は、

明治・大正時代に確立してから，第二次世界大戦後の大きな変更以外はあまり変わっていない。教育は，継続性が大切であるから，一般社会のように時代に合わせて常に変えることは，弊害が多すぎる。しかし，10～20年のスパンでは，見直していくことが必要であろう。現在でも，ほぼ10年ごとに中央教育審議会で，学習指導要領の改訂が行われている。しかし，国語，算数，理科，社会などの教科の変更はほとんどなく，その扱う内容や扱い方の改正にとどまっている。

　最近のいわゆる「ゆとり教育批判」も，批判されたのはもっぱら「学力の低下」―とくに算数・数学についてであり，新しい教科の可能性をもつ「総合的学習の時間」についての議論はほとんどされていない。教科が永年変化しないことに対しては，世間のほうが疑問を感じていないといえる。だからといって，教育界が，放置していてよいものだろうか。

　世界の多くの国では，国語，算数，歴史，地理，宗教，科学などの基幹となる教科は大事にしながら，時代，社会の変化に合わせて，子どもが成人（社会化）するのに身につけていなければならない分野があれば，新しい教科をつくっている。たとえば，「メディア」を正式に教科として教えている国が，先進国・開発途上国を問わず増えている。

　教育方法，教授法も，かつての画一的なものから極端なやり方まで，教師個人個人に任かされている。とはいっても個々の教師すべてがすぐれた知識・テクニックを身につけ，信念をもって授業をしているわけではない。結局，イデオロギーやファッションなどの流行に流されて授業をしてしまっている。東京オリンピックで根性がもてはやされると，急に根性教育が全国ではやる。テレビで熱血教師が話題になると，われもわれもとむやみに大声を出したりの熱弁教師が増える。すべての子どもに100点をといって，全員がテストで満点を取るまでひたすらひとつの課題を全員にやらせ続ける，などなど。

　私が実際に経験したことでいえば，長女が小学校6年のとき，熱心で有名な先生が全員に「卒業論文」を課した。しかも400字詰め原稿用紙100枚以上。

多少の事前指導はしたようだが、所詮、小学生には無理がある。結局、多くは両親の作品だったといううわさだった。熱意、というより相手を見ないで突っ走る思い込みであるが、それが表だって批判・検討されることなく何年も続いたそうである。

　わが国の学校教育の硬直性は、制度の面ではよくいわれるが、教科や教育方法も同様ではないだろうか。その原因は、さまざまに考えられるが、大きな要因として教員の養成制度があげられる。戦前の教員養成＝師範学校を廃止したが、戦後の教員不足もあって、一般大学で教育免許が取れることにしたこともあり、教員の専門分野が大学の専攻別になっている場合が多い。大学にとって、教職は学生の進路としてかなりよい職場である。新しい教科を認めることは、それまでの教科の教員の需要が減ることであり、大学（学者）にとって学生の進路が狭まる－すなわちその学科への進学希望者の減少－大学（学者）の危機になる。大学（学者）だけでなく、その分野の学界にとっても無視できない。

　学校の教科を検討するとき、各学界のせめぎあいになる。いわば、利権争いの様相を呈する。かくして、無難な「教科は前例に倣う、内容の変更で済ます」という傾向が定着してしまったといわれるのも、あながち的外れともいえないのではないか。その一方で、大学ではそれぞれの学問領域の教育は行っても、「教育」についての専門的指導は、多くの場合付け足しであり、規定の単位さえ充足すれば免許が与えられている。

　さらに、教員は大学を出たてのものも、平等ということか、クラス担任を任される。最近まで、研修も自主性ということで、それぞれに任されていた。通常の職業で新人と経験者（ベテラン）が同じ業務を任される、責任をもたされるというのは稀有のことであろうし、その後の職業能力の研鑽も本人任せというのでは、専門家といっても、お題目としか思えないといわれてもいたし方あるまい。こんなところにも、平等をはき違えていることが現れているが、数十年間これを是正しないでいる。

　また、最近、少年犯罪が世間を騒がせるなど、社会の倫理観の退廃の傾向も

あって，宗教教育についての論議が起こっているが，教育基本法にその必要性が謳われながら，政教分離との関係からか，公立の学校ではまったく無関心を装ってきていることも，その場限りで済ましてしまい，大局的・長期的視点で教育をみることを怠っている例の一つといえよう[2]。

これらは，教育当事者（教員，行政，学界など）が現実の課題・問題にきちんと対応せず，逃避，責任回避していたことの結果といえよう。さらに，繰り返しになるが，メディアも含めて社会（もちろん親も含む）もいざとなると，責任を学校に押し付け，教育を「我がこと，そして皆のこと」として，自ら責任をもってことに当たろうとしなかったことが，教育混迷の大本であろう。

(4) "わが国の教育に欠けるもの" ── 教育体制

「教育」という言葉は，その意味合いがきわめて広く，しかも，誰もがわかりきったもののように使っている。使う人，場合，時により違った意味に使われているのに，普通，それをあまり意識せず，あいまいなままに使っている。ここまで述べた，わが国の教育の混乱の根底にもそれがひとつの原因になっているのではないだろうか。

村井実は，「教育」を次の三つに分けて用いている。

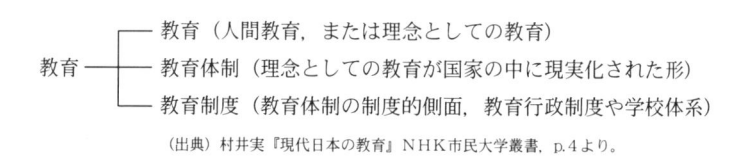

```
           ┌─ 教育（人間教育，または理念としての教育）
  教育 ────┼─ 教育体制（理念としての教育が国家の中に現実化された形）
           └─ 教育制度（教育体制の制度的側面，教育行政制度や学校体系）
```

(出典) 村井実『現代日本の教育』NHK市民大学叢書，p.4より。

通常，教育を語る場合は，村井のいう「教育制度」の場合がほとんどで，それがいきなり本質論としての「教育」に直結してしまっている。教育制度の議論でも，さらに具体的な事象（入試制度，週5日制，学力低下，不登校，環境教育，英語学習などなど）の議論が，イデオロギーや政治体制と結びつき，対立してしまっている。

理念としての教育の論議は常に行われなければならないが、具体的な教育課題の解決のための方策を決定していく時それをいきなり出してはまとまらない。とくに、小・中学校―いわゆる義務教育の教育行政制度や学校制度を策定するには、前述した"小異を捨てて、大同につく"でなければならない。村井のいう「教育体制」が、「大同」であり、これについての共通認識を決定し、それに基づいて、具体的に決めていくべきであろう。

　わが国の「教育体制」としては、法制的には「教育基本法」があるが、前述の宗教教育の例でもわかるように、現実の教育現場とかけ離れた面が多くなっている。昭和30年代から改正・反対の論議が政治対立と絡んでなされたため、改憲論議と同じく、棚上げにされたままであったが、現実との乖離があまりにも大きくなってきたため、最近改正の議論が始まったばかりである。

　このような状況では、さすがに教育行政の基本が定まらないことから、これまでにも、政府・文部省の主導で、中央教育審議会がいくつかの教育の基本方針を決めてきたがそれらは、「教育制度」の域を出なかった。そこで、昭和60年代に「臨時教育審議会」で「教育体制」が策定された。これにも賛否両論があったが、そこで提案された"生涯学習社会を目指し「生涯学習体制への移行」を図る"ことについては、その後、世界の大勢もあって、ほぼ国民の共通認識になったのではないだろうか。

　私は、これまで述べたようなわが国の教育の混乱・混迷を抜け出し、多文化・共生の時代である21世紀の教育体制としてこの「生涯学習社会」がもっともふさわしいし、現実的だと考える。そこで、生涯学習時代の学校教育のあり方、役割について、若干の私見を述べたい。

2．生涯学習時代の学校教育

(1) 生涯と教育・学習

　生涯学習・教育は、教育の時間と空間の開放をはかりそれによって人生の開

放をはかろうというものである。近代以前の社会では，その社会は生活共同体あるいは身分ごとに分かれて，教育もそれぞれで行われ，それが身分制社会の秩序を守るためにも重要な役割を果たしていた。近代社会はその枠を取り払い，国民共通の教育制度―近代学校教育制度をつくった。それが社会の近代化，人々の福祉に大いに貢献したが，それも歴史を重ねるなかで，教育を受ける時と場所が固定化し，前述のように，社会の実情と齟齬をきたすようになってきた。教育は，すべて学校で行われるものだという雰囲気ができてしまっている。

これを打ち破って，新しい時代にふさわしい人生のあり方としての「生涯学習」であるから，それにふさわしい教育のあり方があるはずである。ここで，生涯とかかわる教育をその「場」で考えてみたい（図2.1）。

図2.1 生涯と教育・学習の場

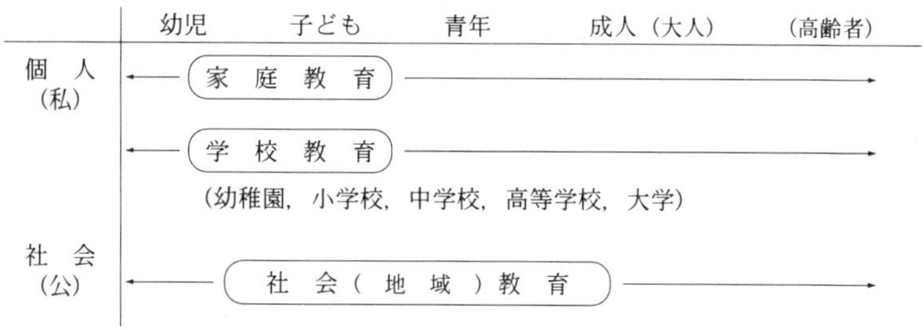

```
              幼児    子ども    青年    成人（大人）   （高齢者）
個人  ←──（家 庭 教 育）─────────────────→
（私）
         ←──（学 校 教 育）──→
              （幼稚園，小学校，中学校，高等学校，大学）
社 会
（公）       ←──社 会（地 域）教 育─────────→
```

人は常に「個人的なもの（私）」と「社会的なもの（公）」の両面をもって人生を送る。教育・学習も同時に私と公との両面がはたらきあって行われる。ある教育活動，学習行動を，厳密には公と私には分けられない。しかし，どちらかというと私的側面が強い教育・学習と，公的側面が強い教育・学習とを分けてみると，図のように，自己学習を含む「家庭教育」は私的な側面が強くはたらくのに対し，地域のはたらきかけを含む「社会教育」は公的側面が強くはたらく。江戸時代までは，公私は区別されなかったから，家庭教育・自己学習と社会教育とは区別されなかった。武士は武士としての教育を受け，自己研鑽に

励んだ。農民は共同体の農業技術，習俗を身につけなければ生きていけなかった。

近代社会は，家庭や地域ではできない，国家や近代産業の教育を効率的に行うため「学校」を設けたのだから，学校は，新しい形の公私の区別のできない教育・学習の場ともいえる。このため，放置しておけばどちらかに偏り，私的になりすぎ混乱するか，公的になりすぎ時の権力に左右されてしまう危険が，常に存在する。この学校教育の，公私のバランスをとるためには，図の両側，家庭教育と社会教育が常に関心をもって，はたらきかけることが重要であろう。

そのためには，家庭教育・自己学習と社会教育・地域教育（職業教育含む）が，強力なエネルギーをもたなければならない。教育行政の面で財政的にも法制的にもこの両面を現在の数倍力を入れるべきである。一方，学校教育は，むしろ，現在より重要性・役割を低くすることが，バランスをとるうえで必要と思われる。

(2) 新しい学校教育の提案

学校教育の，社会におけるウエート（重要性）や役割・機能を低くするときの学校のイメージはどのようなものだろうか。私案であるが，次に「新しい小学校，中学校」のイメージを記してみたい。

〈授業時間〉

現在よりかなり短くする。9歳児までは午前8時〜正午の午前中4時間の授業とする。10歳以上も午前8時〜午後2時までの6時間位で十分であろう。始業時間は，現在より早くすることは，夜更かしを防止するうえでも有効であろう。

〈教育期間〉

義務教育をどの年齢とするかは少年法などの関連もあり難しいが，ここでは，満5〜9歳－小学校，10〜14歳－中学校の「5・5」制を考える。15歳からは「青年」などとして，ある程度の社会的権利と責任をもたせるよう

にする。

〈教育内容・教科目〉

　小学校では，基礎的な内容を総合的に学ぶ。科目としては「国語（話す読む書く）」「算数（加減乗除）」を毎日1時間ずつ学び，経験・体験を主とした実習的「自然・生活・文化」，記憶中心の「地理・歴史」を隔日に2時間学ぶ。

　中学校では，小学校の学習を発展させ，国語，数学，歴史，地理，社会，科学，芸術，人間などを系統的に学ばせる。

　「体育」「美術」「音楽」は，小学校では教科とせず，総合的学習で適宜体験させる。中学校でも芸術や人間学習のなかで，総合的に扱う。

　実技としての「スポーツ」「美術」「音楽」などは午後の授業終了後社会教育として実施する。この場合，だれでもがなるべく多くの種目・種類を経験できるように，社会教育担当者が配慮する。

〈教　員〉

　小学校教員は，子どもの総合的学習指導者とする。中学校教員も，基本的には総合的指導を行えるようにするが，合わせて，たとえば自然科学，人文科学，社会科学程度の専門性をもつ。

　教員養成も，上記に合わせて行うが，身分として教育能力に合わせて，たとえばアシスタント，専任，主任，総括などと区分し，研修制度も明確にする。この研修では，民間企業で行われている能力開発，意欲増進に効果のある手法も大胆に取り入れる。この際もっとも重要なのは動機づけ（モチベーション）であり，教員の動機がしっかりとしてこそ，児童・生徒の動機も高くなるであろう。

　教員は，学校での授業のほかにそれぞれの能力・興味によって，社会教育のリーダー，コーディネーターなどとしても，積極的に参加してもらい，専門家として地域全体の教育活動の中心的存在となる。

などなど，以上はあくまでもイメージであるが，子どもの成長（社会化）に対して，学校は家庭，地域社会と対等に，連携・協力して責務を果たす，体制・制度をつくらなければならないということである。

(3) 今，学校教育に求められるもの

　以上，現在のわが国の学校教育の問題点・課題を，メディアでいわれているのとは別の角度から検討し，生涯学習の立場から，その解決の方向を示したが，いずれにせよ，教育を考える時もっとも大切なのは，その社会—通常，国がしっかりとした芯・背骨をもつことであろう。村井実のいう「教育体制」であるが，これなくして，責任ある教育制度はつくりえない。現代社会を形成している大人たちは，次代を担う子どもたちに対して，真に豊かな社会で幸せに暮らせるようにする責務がある。そのための次世代につなげる使命感が何よりも必要であろう。

　その使命感としての背骨になりうる「生涯学習社会」のための方策，生涯学習体系への移行を着実に進めるために，理念から具体的な制度，システムをつくり上げていくための議論，検討が，早急に求められる。

注
(1)

高等学校，大学進学率

	高等学校 (通信のぞく)	大　学 (短期大学含む)
昭和25（1950）	42.5%	……
30（1955）	51.5	10.1%
40（1965）	70.7	17.0
50（1975）	91.9	37.8
60（1985）	93.8	37.6
平成 7（1995）	95.8	45.2
15（2003）	96.1	49.0

（出典）『文部科学白書（平成15年度）』

(2) 菅原伸郎「今こそ宗教教育の議論を始めよう」『東京新聞』2005年2月22日付

参考文献
中内俊夫ほか『日本教育の戦後史』三省堂，1987.
村井実『現代日本の教育』(NHK市民大学叢書6) 日本放送出版協会，1969.
文部科学省編『平成15年度　文部科学白書』国立印刷局，2004.

第3章 メディア・リテラシー教育の必要性

はじめに

"コンピュータ時代""情報の時代"はては"IT革命"などが叫ばれ，これらを進めるためのツール（道具）である各種の新しいメディアが社会，生活のあらゆる面に入り込んでいる。近代科学の成果である映画や電話，テレビ，ビデオ，CD・DVDなどは，とくに，コンピュータとそのネットワーク，デジタル，宇宙通信，光ファイバーなどの新しい技術も加わって日進月歩で進歩しているし，伝統的なコミュニケーションのメディアである本，雑誌，新聞なども，電子化・ネット化などにより時代に即した形に変化しようとしている。今や，日常生活から政治・経済・社会のすべての面が，これらメディアの変革を抜きにしては考えられない状況である。

このような状況にともない，これら道具としてのメディアを使いこなし，それらが形づくっているメディア社会（システム）で主体的に生きていく力として「メディア・リテラシー」の重要性がいわれるようになってきている。そして，必然的に，メディア・リテラシーの育成を学校や社会の場で行う，「メディア・リテラシー教育」の必要性がクローズアップされている。

このメディア・リテラシー教育は，世界的にみれば，20年以上前からその必要性が真剣に検討され，欧米先進諸国を中心に，1980年代から組織的な取組みが進み，いくつかの国や地域で学校教育に正式に取り入れられ始めている[1]。

わが国でも，関係者の間では早くからその重要性がいわれてきたが，一般に注目され出したのはごく最近のことである。しかも，学校教育関係者の間での議論，検討があまりなされていない間に，学校現場へのコンピュータの急速な導入にともなって，いわゆる「情報処理」＝「コンピュータ操作」の能力の育

成という側面に偏った受け取られ方で教育の場に取り入れられている傾向がみられる。

　本来のメディア・リテラシーは，もちろん，コンピュータ操作に限るものではない。従来のリテラシー（文字の読み書き能力）とは別の新しいコミュニケーションの能力としての，現代の新しいメディア状況に即したリテラシーである。当然，メディア・リテラシー教育もまったく新しい発想で考えられなければならない。

　本章では，わが国の現代の教育状況とその背景にあるメディアを中心とした社会状況を分析し，メディア・リテラシー教育の必要性が，なぜいわれているのかをみてみたい。

1．メディアをめぐる社会状況

　歴史の偶然であろうが，21世紀を前にして，10年以上前から社会のあらゆる場面で，パラダイムの転換がいわれている。「脱近代」は，芸術，思想などの世界では遥か以前から主張され，模索されてきたが，東西冷戦構造が解体して以降，世界の枠組みが変化していくなかで，新しい世界観，価値観と，それによる人々の生き方や社会の制度・仕組みをつくり直していくことが，いよいよ待ったなしの課題として，あらゆる所・場面で現実の問題になってきている。

　われわれが日常接するマスメディアからの情報をみても，経済，科学技術，文化など世界のあらゆる面でグローバル化，ボーダレス化が急激に進んでいるのが感じられるだけでなく，われわれの暮らしの細々した面でも実感させられている。また「環境問題」や「核問題」は，否応なく，地球規模での対応を迫っている。その一方で，新しく民族紛争が頻発し，ECをはじめとする地域統合の動きや民族文化・伝統文化の再評価も盛んにいわれている。

　国内に目を移しても，政治家や官僚の腐敗，企業の上から下までの不祥事や無責任体質，医療事故の多発などから少年による残虐な事件の続発，家庭や地

域の崩壊としかいえない事件・事故の数々，もちろん，「いじめ」「学級崩壊」をはじめとする学校・教育の混迷などなど，これでもかというほど，連日報道されている。これらは，わが国の社会のありよう（システム）がマクロでもミクロでも機能不全に陥っていることを示しているようにみえるが，むしろ，それよりも一層根本的に"近代というパラダイムの転換"が必要だということを示しているのではないだろうか。

このことは，何もわが国に限ったことではなく，人類全体，少なくとも先進諸国に共通したことであり，原　聰介はこれを「時代が大きく変わったというよりも，今こそ近代の矛盾が全面展開を始めた」と表現している[(2)]。

こうした状況を，メディアの側面から見てみよう。社会の近代化がメディアの発達をもたらしたが，一方，メディアの発達が社会の近代化に果たした役割も決して小さいものではない。

"社会"の基本である人間関係（コミュニケーション）のための媒体（メディア）のもっとも重要なものは広義の「ことば（言語）」である。パーソナルなコミュニケーションのメディアとしての話しことば（音声言語）は，人間の歴史とほぼ同じ長さ（歴史）をもっている[(3)]。また，文字（文字言語）も民族によって異なるが，数千年の歴史がある。一方，近代社会をもたらした要因として，情報・文化（知識，思想，技術，芸術など）の共有・一般化があるが，これには"言葉の固定化・大量生産＝印刷術"の実用化が重要であった（マス・コミュニケーションの発展はこれに始まるといわれる）。

金属活字による活版印刷術により，一部の者が占有していた文字とそれによる成果（書籍や文書による文化の集積）が広く一般のものになり，さらに，学校教育制度の普及によって，人々は「近代」という社会システムのメンバーに組み込まれていった。19世紀になって科学技術の進歩・発展のなかで，コミュニケーションにかかわる技術（メディアまたはチャンネル）も急速に開発され，また，それらを活かして社会や生活を便利にするシステムも発展してきたが，それは一方では，大量生産を効率的に行う工業化・産業化の道具であり，また

人々を大量消費社会に組み込むための道具としてもきわめて有効にはたらいた。19世紀半ばの電信の発明に始まって，この150年余りの間に実にさまざまなメディアが生まれ，発展してきた。写真，映画，電話，レコード，ラジオなど情報の表現，伝送のメディアが開発され，さらに，テレビ，ビデオと続き，それらを活用した巨大なものから個人的なものまで多様なシステム（組織や企業などいわゆるマスメディア）が発展し，それらを媒介として社会の状況が大きく変質し，いわゆる「大衆社会」が生まれた。

そして何より，コンピュータの開発とそれらを結ぶネットワーク・システムの普及により，社会の様相が一層変化してきている。コンピュータの出現までは，情報（コミュニケーション）に関していえば，さまざまなメディアは，文字文明を補完し豊かにするものとして存在していたといえる。しかし，コンピュータがそれを結びつけて使う通信技術（光ファイバーやデジタル技術とインターネットなどのシステムなど）の発達で，本格的にその能力を発揮して使われるようになると，それを媒介として多様なメディアが，それぞれの能力をこれまでと違うレベルで発揮し始めた。たとえば，電話がポケベルから携帯電話へ，そしてiモードなどが加わる一方，テレビのデジタル化・双方向化などにより，電話とパソコン，そしてテレビの垣根がほとんどなくなりつつあり，マスメディアとパーソナルメディアの区別が明確でなくなりつつあることなどである。

マクルーハンは，テレビなどを例に「メディアはメッセージである」といったが，それは，「あるメディアを利用すること自体が社会に大きな影響を与える」[4]ということであり，ベンヤミンが映画を例に『複製芸術論』でいったのと同じことであろう。ただ，マクルーハンがブームとなった1960年代は，テレビの発展は著しかったが，今から考えればまだ初期の段階であり，テレビがメディアとしての本格的な影響を発揮していなかったため，やがて，ブームは去り，忘れられていった。最近，マクルーハンが再評価されているのは，デジタル化などテレビをはじめとする映像系・表現系のメディア，光ファイバー，衛星通信などの伝送技術，そしてコンピュータ・ネットワーク・システムなど

も含めメディアをめぐる技術とシステムが全体として，いよいよ本格的に機能を発揮しだして，社会や暮らしのあらゆる面への影響が大きくなり，社会のありようまでも見直さなければならなくなってきたためであろう。

それは，単なる生活技術などにとどまらず，思考，思想，世界観までも含む，コミュニケーションを中心とした"人間の生き方"の変質にまで繋がりかねない，大きな曲がり角にきているといえよう。

2．現代の教育状況とメディア

先にも記したように，19世紀から20世紀にかけて，世界は，いわゆる"近代"として，欧米を中心にした国民国家単位の近代産業社会（工業社会）の時代であった。そのなかで教育の分野では，国家形成者としての"国民"と，産業社会の要員としての"勤労者（サラリーマン）"の育成を目的に，形式から内容まで，効率的に制度化され，整備された「学校」が中心を担ってきた。

学校を主体した教育制度は，欧米諸国では，自ら近代化を模索し試行錯誤をかさねて成し遂げてきたゆえか，自主性・自治を重んじ，伝統的なものも含めさまざまな形式と内容を内包した「多様性」を認めてきた（というより，認めざるをえなかった）。

これに対し，わが国は，植民地化を避けるためにも，欧米に追いつこうと社会の改変をかなり性急に行い，早期の近代化（文明開化）をめざした（めざさざるをえなかった）。このなかで，近代化の基盤であり必須と考えられた"人材"の育成（教育）を，全国民への義務教育を含めた学校中心の制度として導入したが，それは必然的に，政府による上から下への"画一的""管理的"なものとなった。

そして，「富国強兵」「文明開化」のスローガンのもとで行われたその教育は，当初は，「和魂洋才」といわれたように，欧米に学ぶべきは技術とそのための知識面のみ，をめざしたものであったと思われる。その一つの現れが，教育の

すべてを高等教育レベルまで一貫して国語（日本語）を用いて行ったことであろう。「国語」という表現には，国家の基幹である国民を結びつける，文化の基本が言葉であるという強い意志の表明が感じられる。

　コミュニケーションのためのメディアである「言葉」を学校教育の中心に据えるのは，世界各国に共通している。言葉のうち，とくに，文字言語の読み，書きの能力（リテラシー）が重視されたのは，近代の社会・文化が文字（とくに印刷されたもの）を基本に発展し，組み立てられてきたことを考えれば当然であった。しかし，文字言語の基になるのは音声言語（聞く，話す）であり，欧米諸国では，特に初等・中等教育で，聞く，話すことの教育にもかなり力を入れている。

　これに対し，わが国の学校教育は，明治から現代に至るまで，国語教育が文字言語（読み，書き）のみといえるほど文字に重点を置いているのは，中世以来の漢学重視の伝統にもよるであろうが，ほかの教科も教科書と黒板に象徴される文字中心で行われている点からみても，やはり，教育内容が海外（欧米）からの移入・翻案がほとんどであったためであろう。明治から昭和の時代は，文化にしろ，科学・技術にしろ移入・翻案は書物（文字）によってもたらされたのだから。

　もちろん，その間，学校教育のなかで，教育方法の改善のためさまざまな議論や実践があったが，それらのなかで，メディアとの関連の深い研究，実践も数多くなされた。たとえば，「視聴覚教育」である。

　視聴覚教育は，ここ150年余りの間に次々と開発された各種のメディア（その中心は視聴覚機器である）を，教育の場に取り入れ，さまざまな教授法，学習法を開発，工夫しようという教育方法の改革運動の一つである。教科書や掛け図などの文字と絵，図表以外に，より鮮明で現実感が高い"写真"が取り入れられ，"スライド"も授業を豊かにするものとして盛んに使われた。"映画"も多くの場面で教育・学習に活用され，教育映画という独自の分野も確立した。しかし，何といっても教育に大きな影響を及ぼしたのは，その他の社会生活へ

の影響と同じく，放送（ラジオ，テレビ）である。ラジオを教育に利用することは，ラジオの発明当初から視野に入っていたが，とくに，イギリスと日本で早くに実用化され，1920～30年代に「学校放送」として学校（生徒）向けの番組が放送された。内容がコントロールされていたとはいえ，学校に外部からの情報が直接入ることになったのだが，教育に，より大きな影響を及ぼしたのは，テレビである。

　テレビは，学校放送として直接教育に利用されることの影響も大きかったが，それ以上に，全国の家庭に直接，同時にニュースやエンターテインメントが情報というかたちで送られることの社会全体への影響が，ゆっくりとではあるが，教育の全体状況により大きく影響を及ぼしたと思われる。そして，最近のコンピュータの学校教育への導入である。コンピュータは，テレビに劣らず，いやそれ以上に，人々の暮らしや社会に，そして教育に影響を及ぼすに違いない。

　以上，大雑把に教育とメディアの関係をたどってみたが，これを通していえることは，教育，とくに学校の世界では，メディアはあくまでも教育・学習を進めるための道具，それも補助的な道具であったということである。もちろん，メディアは本来道具だから，道具として使うのは当然だが，問題は，使う側の学校の基本的立脚点が，学年，教科，カリキュラムなど，そして何より教育観，学習観が，明治以来欧米を手本にしたものの枠内であったし，それに改善・改良を重ね，整備し，より確固としたものにするために利用してきたといえる。

　前に触れたように，社会状況がメディアをめぐって大きく変わりつつあり，過去数世紀にわたって世界の潮流であった"近代（化）の枠組み（パラダイム）そのものの転換"が迫られているなかで，近代化のために大きな役割を担ってきた教育，とくに学校も例外ではありえず，改革・革新が迫られている。現在起こっている数々の問題，「学校（学級）崩壊」や「不登校」などの問題が深刻になるにつれ，これまで「教育のことは専門家に任せよ」といってきた人々も，最近は，「学校だけの問題ではない，学校だけでは解決困難だ」として，地域や家庭の責任が盛んにいわれるようになった。しかし，これらも，これまでと

同じように教育・学校の枠に, これまでとかく排除していた地域や家庭を取り込もうという発想がほとんどである。このような対症療法では根本的な解決は難しいといえる。何度も繰り返すが, 根本的な, パラダイムの転換が, 教育にも求められているのである[5]。

3．"メディアの利用"から"メディアを知る"へ
── メディア教育の変遷

多くの国々では, 新しいメディアの発展・普及に合わせて"教育とメディアの関係"を見直すことがかなり以前から行われてきた。この歴史を大きく分けると, 世界各国でまず,「教育にメディアを利用・活用する」ことが多く試みられ, やがてメディアの社会的な役割の増大とともに「メディアについて知る教育」が発展してきたといえる。

「メディアを利用・活用する」では, そのメディアを使って学習・教育をより豊かに, 効果的に行おうという面と, 各種メディアの使い方・扱い方を習得させる教育という面とがある。前者は, 伝統的な「視聴覚教育」や, 「放送大学」などがこの例であり, カリキュラムというより教育方法の側面が強い。これに対し後者は, 生活技術の側面が強いため, 学校教育のカリキュラムに位置づけるより社会教育などでインストラクションとして行われることが多かった。

「視聴覚教育」は, 教育目的で映画を制作する教育映画やラジオを使って教育する放送教育・学校放送のように, 19世紀末〜20世紀初頭に発明されるとすぐに, それぞれの前向きの機能としての"教育機能"が重視され, 制度的にも実践的にも, 早くから取組みがなされたし, 「放送大学」も1960年代から各国でスタートした[7]。

一方,「メディアについて知る教育」は, 1970年代から強く提唱され始めたもので, 社会的にも, 個人生活の面でも大きな影響を及ぼしているメディア, とくにマス・メディア (わが国でのいわゆるマスコミ) について, その本質や仕

組みを知り，それらに対して"批判的"に付き合える能力を育てようというものである。諸外国，とくに話しことばによるコミュニケーション教育の伝統がある欧米諸国の「メディア教育」「メディア・リテラシー教育」は，これが目標であるし，カリキュラムの中心になっている。

　ただし，この「メディア教育」は，当初，ユネスコが中心になってその実現を進めたため，メディアの最先進国であるアメリカではあまり熱心には取り組まれなかった[8]。

　しかし，1980年代になると，イギリス，ドイツなどのヨーロッパ諸国やカナダ，オーストラリアなどの国々で，学校教育や社会教育で，正式に取り入れられるところが急増している。

　たとえば，イギリスでは1992年，国の支援のもと英国映画機関（BFI）と公開大学（OU）が共同で「メディア教育入門」プログラムを開発し，教師教育を行い，小，中，高の各レベルの授業で実践している。また，マクルーハンを生んだカナダではオンタリオ州教育省が，1989年に中学，高校に「メディア・スタディ」を教科として導入したし，ほかの州でもそれぞれに正式に導入している。さらに，アメリカではNPOによる教育改革運動の一つとして，メディア・リテラシー教育が模索され出しているという[9]。

　これらの，メディア・リテラシー教育に共通した，基本的な姿勢は"自立したオーディエンス（読者・視聴者）の育成"にある。

　たとえば，カナダ・オンタリオ州教育委員会編の教師用の指導書「メディア・リテラシー〜マス・メディアを読み解く〜」によれば，「メディア・リテラシーの目標は，子どもたちがメディアとその日常生活における役割にかんしてクリティカルに対処できるようになるよう援助するところにある。」として，「基本的な概念」で「…メディアはすべて構成されたものである，…メディアはものの考え方（イデオロギー）と価値観を伝えている，…」などとしたうえで，「授業方法とモデル」で専門教科と国語や社会科，家庭科などの各教科での考え方と扱い方を示している。そして「メディア・リテラシーは生涯を通し

て身につける」ものであり「…メディア・リテラシーの最終的な目標は，単に，より深い理解や意識化の促進にあるのではなくて，クリティカルな主体性の確立にある」と述べている(10)。

4．メディア・リテラシー教育の必要性
── 教育のパラダイム転換の一環として

　これに対し，わが国では，「視聴覚教育」は40年以上の歴史があるが，それ以外は一部の実験的な試みのみで，ほとんど行われてこなかった。近年，コンピュータ産業の振興のためもあって，学校にコンピュータが導入されたが，教育課程全体での取組みというより，機器に慣れるため，その操作を教えるという側面が強かった。

　ようやく，平成10～11年に改訂され，14年から小学校・中学校・高校と順次実施される新しい「学習指導要領」は，現在の教育状況のゆきづまりを打開し，社会状況の変化に対応するため"「生きる力」の育成"を中心テーマに据えている。改訂の要点は「週5日制の完全実施」を前提に「授業内容を精選し時間を減らす」一方「基礎・基本を確実に習熟する」「生活体験，自然体験，道徳感・正義感を身につける」ことを目標にしている。そのため，「総合的な学習」の導入，実施などをうたっている(11)。

　このなかに「情報化への対応」も入っているが，その中味をみると，中学の「技術・家庭」と，高校に「情報科」を新設するほか，「総合学習の時間などでコンピュータや情報通信ネットワークを活用する」というだけで，これまでと同様に技術的なものから一歩もでていない。

　これらは，新しい社会状況（情報環境）への対応の必要性が，総論としては指摘されているが，具体的な内容になると，メディア状況の変化とそれによってもたらされている人間関係（コミュニケーション）の変化にはまったく対応しておらず，そのような状況の変化に沿った新しいコミュニケーション・リテラシーの育成という基本的な対応が具体的には示されていないということであ

る。

　わが国でも，教育改革について，新学習指導要領だけでなく，国などの公的審議会や私的・民間などからもさまざまな提言がされているが，その多くで，教育の枠組みの変革（いわゆるパラダイムの転換）が主張されている。しかし，とくに公的な提言では，新学習指導要領でのように，総論ではそれをいいながら各論，具体論では，旧来の枠組みから根本的に転換することがほとんどみられない。いわゆる「情報化」（最近の言い方では「IT化」）への対応でも，産業界の要請から，学校教育へのコンピュータ導入を経済立て直しの起爆剤にしようという思惑が優先してしまい，先にあげた，カナダの例にみられるような，基本的な，理念をしっかりと踏まえて，教育目標を具体的に示したうえで，カリキュラムや教育方法を示すまでに至っていない。

　このような理由から，これまでのような「情報化対応」の改革にとどまらず，「教育のパラダイムの転換」を前提にして，その一環として，新しく「メディア・リテラシーの育成のための教科」を設けるとともに，さまざまな教科でも，メディア・リテラシー育成の視点を踏まえて，カリキュラムを組み替えていく必要があると考える。

　その際，ひとこと付け加えておかなければならないが，新しいメディアのリテラシーを育てるといっても，それが従来のリテラシー（文字の読み書き）の育成および話す・聞く能力の育成を否定することではないということである。言葉の果たしている役割，意味を新しいメディア状況のなかで見直すことは必要だが，それは，言葉の役割が低下することにはつながらない。むしろ，最近のコンピュータ，ヴィジュアル・メディアのみの環境で育つことが，子どもたちの情緒不安定，短絡的，暴力的性格などの要因になっているという研究も各種発表されている[12]。

　カナダの例にあるように，「メディア・リテラシー教育」の目標は，つまるところ"自立した個人の育成"にある。それは，新学習指導要領の掲げる"考える力の育成"も同じであろう。メディアが驚異的に発展し，そこからの情報

が、洪水のように溢れている現代だからこそ、「個人の自立」「考える力」(人間存在)にとって基本的な役割を担っている"言葉"がもつ重要性を再認識しなければならないのである。その意味で、わが国では軽視されてきた"コミュニケーション教育"をメディア・リテラシー教育も含めて創りあげていく必要があるともいえる。

いわゆる「IT革命」のお先棒を担ぐようにもみられかねない「情報化に対応した、機器の操作」にとどまることなく、音声言語・文字言語の能力の育成を基礎・基本にしながら、新しいメディア状況に対応した、メディア能力・コミュニケーション能力を育成する「メディア・リテラシー教育」が必要なのである。

注
(1) 1973年国際映画テレビ協議会は「メディアについて教える"メディア教育"は、メディアを教育に利用することとは全く異なる」といっているし、生涯教育を世界で最初(1965年)に提唱したP.ラングランも『生涯教育入門Ⅱ』(1975)で生涯教育を実践していくためにメディアを活用することはもちろんだが、社会で重要な役割を占めているメディアについて「消費者(オーディエンス)の判断力を教育で育てていくほかない」といっている(大串兎紀夫「生涯学習社会とマスメディアの役割」『NHK放送文化調査研究年報・35集』日本放送出版協会、1990、p.125参照)。
(2) 原聰介「近代教育思想をどう読むか」原聰介ほか編『近代教育思想を読みなおす』新曜社、1999、序、p.3
(3) 葉山杉夫によれば、人類学の最近の研究では、一般的に「人類」に共通した属性である直立二足歩行の開始はおよそ500万年さかのぼり、また、言葉を話せるという点ではおよそ200万年前からとされている。しかし、これは原人など現代人とは直接にはつながらないものも含んでの話で、「現代型ホモ・サピエンス」は、約30万年前に出現したとされ、化石から、この「ヒトの祖先は、現代人のように『おしゃべり』を楽しんでいた……」としている(葉山杉夫『ヒトの誕生』PHP新書080、1999、p.14, 144, 169)。要するに、人間(ホモサピエンス)はその最初から言葉を使っていた、といえよう。
(4) P.レヴィンソン著、服部桂訳『デジタル・マクルーハン-情報の千年期へ-』NTT出版、2000、p.23
(5) この点に関しては、上記(1)の文献や、松浦善満他編著『教育のパラダイム転換-教育の理念を問い直す-』(福村出版、1997)など多数の主張、研究がある。また、「生涯学習」

の提唱も,近代の物質中心の社会をパラダイム転換して「学習社会」を実現させるための教育総体の変革を理念としている。

(6) ここでは,"メディア教育"は"メディア・リテラシー教育"を含んで"メディア利用・活用教育(視聴覚教育など)"をも包含したものとして論を進める。

(7) たとえば,ラジオについていえば,わが国でラジオがはじめて放送を開始した大正14年,東京放送局初代総裁の後藤新平は,開局の演説でラジオの重要な機能として報道,娯楽とともに教育をあげている。またテレビ利用の「放送大学」では,1960年代にインドでユネスコが実験を行い,その後イギリスのオープンユニバーシティや中国の放送大学など次々にスタートしている。

(8) ユネスコはどちらかというと,第三世界の利益を優先しがちでアメリカに批判的なため,アメリカは脱退している。

(9) メディアリテラシー研究会『メディアリテラシー』NIPPORO文庫,1997,pp.31-39,菅谷明子『メディア・リテラシー』岩波新書,2000,pp.130-135

(10) カナダ・オンタリオ州教育委員会編,FTC(市民のテレビの会)訳『メディア・リテラシー―マスメディアを読み解く―』リベルタ出版,1992,pp.7-20

(11) 有馬朗人「新学習指導要領で学校はどう変わるか」文部省編『文部時報』1999年7月号,pp.8-9,文部省初中局「学習指導要領の改訂のポイント」同上,pp.41-45

(12) これからの点に関しては,ジェーン・ハリー著,西村耕作ほか訳『コンピュータが子どもの心を変える』(大修館書店,1999)や,バリー・サンダース著,杉本卓訳『本が死ぬところ暴力が生まれる―電子メディア時代における人間性の崩壊―』(新曜社,1998)などが詳しく実例をあげて論究している。

第4章 「加齢」の生涯学習的意義
― 年をとることのすばらしさ ―

1.「若さ」重視,「老い」軽視の風潮

　最近,少子・高齢化が社会の問題として大きくクローズアップされ,21世紀の日本社会がどうなっていくのかの,基礎的条件として扱われている。そして,その議論や,論評のイメージは,バブル崩壊後の経済の停滞とも相まって,"暗い"ものである。高齢化率の高い地域は活力のない,"暗い地域"となる。「老い」は,社会にとって迷惑なもの,必要悪であり,高齢者・老人は迷惑な,困った存在となってしまっている。
　一方,現代社会では,「若さ」は重要な,大切なものとなっている。近代になってわが国では,とくに,高度経済成長期以降,社会的にも,個人的にも「若さ」が尊重され,重視されている。
　"お若いですね"は,老若男女を問わず,誉め言葉として通用する。それは,身体的なものだけでなく,それに密接に関連して外見・見た目,化粧や服装,はては動作やしぐさにも向けられる。それは単に外見にとどまらず,考え方や生き方さえもが「若々しい」ことが良いこと,価値があることとして,世間一般に常識として通用している。
　この「若さ」の尊重は,個人の外見や生き方に限って語られるだけではない。いや,むしろ社会的により大きな影響を及ぼしているのは,経済・産業の世界からの意図的なメッセージであろう。テレビのコマーシャルや新聞・雑誌の広告で明らかなように,消費行動のターゲットとして,若者向けが中心になっているし,若者たちが好む物・デザインを買うのが"かっこいい"のだという,

雰囲気ができあがっている。それを，メディアが極端にまで増幅している。若いタレント，子どもたちまでがもてはやされ，大人たちも若い感覚をもち，若く見せることが，人生の重要な価値であるかのようにあつかわれている。

　経済・産業界がマーケットの中心を若者・若年層におくのは，高度経済成長期以降，あらゆる分野で一般的にみられる状況である。それは，成長・発展していくには，新しい世界を切り開いていくことが必要であり，経済成長のためには，新しい感覚の新しいライフスタイルをつくり出し，新しい製品・商品やサービスを消費させなければならないからである。これまでの物，古い物の消費を，単に量的に増やしても大きな，高度の経済成長にはならない。生活レベルで質的な変革を起こさせ，それを社会全体のあり方にまで推し進めてはじめて，高度成長が達成される。生活や生き方で新しさを取り入れるのは，若者ほど積極的である。消費のターゲットを，より若い層に絞り，新しい物・生き方にニーズを誘導していくのは企業経営的立場からいえば当然ともいえる。

　そして，これを政治・行政も後押ししている。政治の業績評価が主として経済の成長・拡大に重点をおいているため，変革＝新しく始めることを政策目標（選挙スローガン）にしており，政府・自治体は，経済・産業界と一体となって，さらにマスメディアも協力して，国民の間の雰囲気づくりを進めている。

　こうして「若さ」＝「新しさ」を重視・尊重し，反対に「古さ」＝「老い」を軽視することが社会一般の常識という状況ができてしまっている。そして，人々は長寿を喜ぶよりも，老いることを恐れ，不安に思う心理状態にさせられている。老いることについて，ぼけや寝たきりなど暗いイメージをもたされ，老後の生活，人生に不安になったり，年をとることを子どもや社会に対しての負担や負い目に感じさせられてしまっている。

2．近代社会と「新と古」「老と若」

　わが国は，幕末の開国以来一貫して，それまでの社会を変革する，近代化＝

欧米化を進めてきたが，これは社会を変革し，人々の暮らしも意識も変えていかなければならないから，社会全体の雰囲気，イメージとしては，「新しさ」の重視になり，「若さ」の尊重になる。そして，「古いもの（物，事，人）」は価値が低いものであり，変えなければならないものとなり，年をとること，老人，老いの軽視，蔑視へとなってきたのも必然といえた。

　近代社会は，政治的には国民国家であるが，同時に経済的には産業社会である。技術革新によって，まず工業化が進められ，同時にその産業社会を維持・発展させるための体制の整備が必要であったが，そのための人材～労働者と事務・管理要員（ブルーカラーとホワイトカラー）の育成が必須条件だった。新しい知識や技術の教育に順応しやすいのは，若者である。そして，その労働者や事務職としては新しい知識や技術の教育を受けた若者，初等・中等教育を受けた若者が，そして，管理職としては中等・高等教育を受けた若者が養成された。新しい社会を担ったのは若者であり，古い社会を担ったのが相対的に高齢，現代でみれば中・高年の，新しい教育を受けられなかった人々だった。

　一般に人口の年齢構成は，15歳未満の「若年人口」，15歳以上65歳未満の「生産人口」，65歳以上の「老年人口」とに分けられる（このうち生産人口と老年人口を分ける年齢は，以前は60歳だった）。そして，若年人口と老年人口をあわせて「従属人口」といっている。要するに，近代産業社会では，労働者・勤労者として働ける間（生産人口の間）が主であり，それ以外の人々は従属している立場であるとみなしているわけである。

　近代化は，工業化，産業化，都市化であり，生産人口のなかに，労働者やサラリーマンという新しい人々をつくっていくことであり，生活を豊かにするためには会社や工場で働き，都会で暮らさなければならず，それが多くの人々のあこがれにもなっていった。しかし，近代化の初期の明治・大正時代は，資本主義経済も近代産業もまだまだ未成熟であり，工業化のための資金を農村に基盤をおく生糸の輸出に頼っていたように，社会も経済も古い人や物に頼らざるをえなかったこともあり，実際には，目標としての「若さ」へのあこがれと現

実としての「老い」への依存が結果としてバランスを保っていたといえる。

さらに、"文明開化"の一方、"和魂洋才"のスローガンに象徴されるように、国家指導者は、近代化を進める一方、欧米諸国の植民地化を避ける＝民族の自立のためにも、また、中央集権国家の秩序維持のためにも、江戸時代以来の社会規範であり、国の隅々にまで、家庭でも地域でも仕事の場でもゆきわたっている、儒教的な「長幼の序」を尊重することをはかった。実際、政府をはじめ産業界など各界の指導者たちも、維新の時には若者であったが、社会が発展の軌道に乗り、その中心になって指導的立場に立ってみると、相対的に高齢者となっており、より若い後継者を育てることになっていく。

企業や官庁の職場では、勤労者たちは、学歴を基本として労働者、工員や事務員と管理者（エリート）にまず分け、そのうえに年功序列の職階制を確立して、組織内の秩序を保ち、生産性を上げていった。勤労者の10代後半で就職し、当時の平均寿命とほぼ同じ50歳代で定年を迎えるというライフスタイルが、企業の組織原理と合致したものだった[1]。

こうして、大正・昭和初期には、「新と古」、「老と若」が、よくいえば調和、バランスがとれている、悪くいえば徹底せずごちゃ混ぜの状態が続いた。この状態が第二次世界大戦を挟んで、戦後の驚異的な経済成長の要因となった。農村を中心とした伝統的な家族制度の社会と、都市の新しい社会とのバランスだけでなく、都市においても、職場（企業）では、年功序列・終身雇用（日本的経営）によって、その状態の不安定さに対する歯止めとなっていたと思われる。もちろんこうした状況の基礎には国民の進取の気象に裏打ちされた、教育の普及があったことはいうまでもない。

こうしたなかで、加齢に関していえば、医療、栄養状態、生活環境の改善・充実などにより、平均寿命が急激に伸びて長くなり、今や80歳という世界一の長寿社会を達成した。人間にとってもっとも価値があるのは"生命"であり、それが幸せの基本だとしたら、わが国はまさしく世界一幸せな国ということにまでなった。

しかし，近代化がもっと進んで，高度経済成長の時代，資本主義経済の市場化と3次産業化が進む，いわゆる先進国になってくる段階では，変革のいっそうのスピードアップと徹底が求められる。農業はもはや社会・経済の基幹ではなくなり，大都市圏（わが国では太平洋ベルト地帯）に産業も人もすべて集積され，その他の古い地域は崩壊していく（いわゆる過密過疎問題）。また企業でも，日本的経営の見直し，いわゆる実力主義・実績主義という名による見直しがはかられつつある。こうしたなかで，それまでかろうじて保ってきた「新」と「古」，「老」と「若」のバランスが崩れ，都市の産業，生活にとって都合のよい「新しさ」「若さ」だけが突出して重視され，「古さ」「老い」はよけいなもの，迷惑なもの，マイナス・イメージになっていったのである。

3．歴史にみる加齢の意義

　ここで，近代以前の「年をとること（加齢）」がもっていた意味を，考えてみたい。あらゆる生物がそうだが，人間も自己の命を守り生き続けることが，もっとも重要なことである。一つひとつの個体，個人個人が十分に生きていくことで，全体の種としても生き続けられる＝種の保存，発展ができるのであろう。生き続けた結果が，年をとる＝加齢であるから，加齢は生き物としての人間の，存在の本来の目的に合った，めでたいことである。だから，世界のどの民族でも，年を重ねるごとに，さまざまな儀式をしてそれを祝うのである（通過儀礼）。医療が未熟で衛生状況が悪かった近代以前では，出産も危険がいっぱいであったが，無事生まれても，乳幼児の死亡率がきわめて高かったので，とくに子どもの無事な成長は，親・家族だけでなく，地域全体のめでたいことであり，さまざまな祝賀の行事が行われていた[2]。

　当然，高齢になることも，同じく，本人・家族はもちろん地域にとっても喜ぶべきものであったので，長寿ということで還暦，喜寿などの祝いが行われた。かつては，平均寿命が，現在の日本と比べものにならないほど短かったことも

あって、70歳では"古来まれなり"という意味の"古希"の祝いが行われたが、それだけ、めでたさもいっそうであったであろう。

　近代以前は、長寿、長く生きることがめでたいというばかりでなく、農業中心の社会であり、その他の商・工業も含め、経験の積み重ねが物を言う仕事・職業であり、社会であったことにより、長い生活、仕事の経験をもつ高齢者が、社会にとって重要な役割を果たしていたことも、加齢が重視・尊重されるきわめて重要な要因であったと思われる。それは、産業に限ったことではなく、江戸時代までのわが国では、儒教の影響もあり、というよりわが国の社会・文化に儒教の思想があっていたためであろうが、政治の世界でもたとえば、幕府の実務者のトップを「老中」、それに次ぐ地位を「若年寄」と称したことにも表れている。

　また、最近生涯学習などとの関連で注目されている、伊能忠敬の例でもわかるように、平均寿命は短かったが、その代わり、加齢を重ねて老齢になった人たちは、社会のあらゆる分野で、元気に価値ある役割を果たしていたし、尊重・尊敬されていた者が多かった[3]。それは、政治・経済・社会のあらゆる場で、人生を積み重ねることでの知識や技能、人間関係、社会関係などでの経験を生かした、客観的で冷静な理解と判断を期待されていたし、有効に機能していたということである。

　わが国は、欧米諸国以外では唯一、早い段階の近代化に成功したが、その基本的な要因は、かつては他国に先駆けて思い切った近代的制度や科学技術を取り入れたからといわれてきた。しかし、最近の定説では、それらの施策を十分にこなしていける、社会の成熟、国民の能力が、江戸時代の成熟した社会状況にあったといわれている。先に述べたように、近代化を進める初期の段階（明治時代）ばかりでなく成長期（大正・昭和時代）でも、結果として「古さ」と「新しさ」のバランスのとれた施策が進められた。前述のように、都市の産業は若者のエネルギーに依存してはいたが、企業、そして社会の秩序という点からも、当時の高齢者（といっても50歳代）にも重要な役割を与えていた。意図

して行ったことかどうかはおいて，実はこれが，わが国が他に例をみない急速な近代化を成功させた鍵だったのではないだろうか。

4．生涯発達と加齢

　近代になって，社会や科学の成長・発達になぞらえて，人間の成長・発達も子どもから大人になることだけだという考えが支配的になった。医学・生理学の進歩による，「人間の身体や能力は，青年期までは発達するが，後は衰える一方」という考え方であり，この考え方によって，社会も経済も教育もが，進められるようになった。

　たしかに，身体的には子どもから成人に成長・発達するが，成人になってしまえば後は停滞し衰えていく。身体的なピークは，10代後半から20代であり，30代には衰え始める。たとえば，スポーツでは，種目により技術や戦術という経験が物を言う競技もあるので多少の差はあるが，基本的には10代後半から30代がもっとも高いレベルを発揮できる。身体やそれを基にした運動能力からみた人間のピークは，20歳から30歳であろう。そして，一般的には年をとる，加齢に従って，身体・運動能力は衰えてくる。ある程度の能力を維持しようとするには，かなりのトレーニングと節制が要求されるが，それでも衰えは止められない。

　一方，知的能力についていえばかつて，知能テストの得点が20～30歳を頂点として，以降は加齢に従って低下するという結果が示され，知力も加齢に従って衰えていくという根拠とされたことがあった。しかしこれは，テストのやり方や内容などに多くの問題があることが指摘され，中高年者の知能が低下していくというのは「作られたもの」であることが次第にはっきりしてきた[4]。

　社会の実生活に当てはめてみれば，中高年齢の者が一律に衰えていくだけでないばかりか，むしろ，さまざまな面で多様な新しい能力を身につけ，あるいは伸ばしてより有能になっていく例は，普通にみられることである。これまで

も現在も,中高年齢者が社会のさまざまな分野のリーダーとして役割を果たし,有効に機能してきている。高橋,波多野は「中高年が衰えていく情けない世代だとされる大きな原因は,生産性第一主義の現代の価値観が,ゆがんだ高齢者像を生んでいることにある」[5] としている。

このような,近代産業社会の一面的な人間観に対して,疑問をもち,異議を唱えたのが,「生涯発達」の人間観である。この考え方は,近代産業社会の成熟と行き詰まりに対して提唱された「脱近代」の基本的な考え方の一つであり,「生涯教育・生涯学習」もこの人間観にたっている。

生涯発達は,人間の一生を単なる身体などの成長や量的な増大ではなく,心身,とくに他の生物との違いとして人間を特徴づけている精神的なさまざまな能力,機能・働きが統合されていく過程であることを前提に「完態という目標に向かって進む秩序と一貫性のある一連の前進的な系列」という考え方である (Hurlock, E.B. 1964) [6]。

すなわち,生まれてから,幼児期,児童期などの子ども時代を経て,思春期,成年期から老年期へと至る一生の全体(生涯)を通じて,心理的,社会的に前向きにより充実した人生を歩んでいく,そして人生の最後は「英知」といわれる境地に至るととらえている (Erikson, E.H.) [7]。

これは,一生を「人間としてより豊かな生き方をするもの」としてとらえる,人間の生涯を肯定的にとらえる人間観である。このように生涯をとらえれば,「加齢」(年をとること)は,豊かな,すばらしい人生に向かっての一歩一歩の歩みということになる。

前述のように,江戸時代には生き生きとした高齢者が多かったが,その一人,世界的に評価が高い,葛飾北斎は60代になってから「北斎漫画」「富岳三十六景」などの代表作を次々と出版したが,74歳の時に,

「己(中略)七十年前画く所実に取に足るものなし,七十三歳にしてやや禽獣虫魚の骨格草木の出生を悟り得たり,故に八十にしては益々進み九十歳にし

てなおその奥意を極め（後略）」

と，自己の画風完成を百歳以上に定め，怠ることなく精進するとの，決意を述べている。ここには，芸術の高い境地に達した者ならではの，謙虚さと自信が表れており，現代的にいえば，生涯学習の生き方そのものである[8]。

このような生涯発達，生涯学習の人間観が社会に広まれば，人々は，人生のどの段階でも，その時その時を，希望をもって前向きに，明るく生きていくことができることにつながっていくし，自分より長く生きた人に対して，人生の先輩として敬意をもって接するし，「老い」を明るいイメージでとらえられるはずである。

5．「老い」の重視は「若さ」の重視 ── 充実した生涯をめざして

はじめにみたように，現代の「若さ」重視，「老い」軽視は，近代産業社会の生産性第一主義，大量生産，大量消費の「もの」重視の社会がもたらした人間観であった。欧米先進国では，かなり以前から，近代の限界・行き詰まり，その非人間的な側面の克服が叫ばれ，未来の社会をどのように変革していけばよいのか盛んに論議されてきた（脱近代社会論）。

しかし，わが国は，第二次世界大戦で社会・国土が壊滅的な破壊を受けたこともあって，脱近代どころか，むしろより徹底した近代産業社会，経済優先社会へ突き進んだ（高度経済成長）。たしかに，それによって産業は，奇跡といわれるように急激に発展し，人々の生活も物質的には，誰も予想できなかったほど良くなった。それも，バブルといわれる極端な（醜悪な）肥大化とそのあっけない崩壊を経て，今や，経済のみならず政治も社会も誰にも先のみえない状況が10年以上続いている。物質的には，世界トップクラスの豊かさを手に入れたが，精神的には，大人も子どもも，当然高齢者も，空虚で目標も定まらず自信ももてない，不安な人生をおくっている。

それに拍車をかけて、人々の未来へのイメージを暗くしているのが「少子化・高齢化」である。人口の高齢化の第一の原因である平均寿命の延び、人々がより長く生きられるのは、豊かな社会の成果であり、喜ばしい、誇っていいことのはずである。一方、高齢化をもたらしているもう一つの原因、少子化は、社会の未来にとって、克服していかなければならない緊急の課題である。ヨーロッパ諸国ではすでに20世紀に少子化による人口の減少の危機を経験しており、それをさまざまな施策で克服しつつある。それらの先例に学んで、結婚や子育てなどを含む社会全体の少子化対策（政治、経済、労働など総合的な）を早急に立てなければならないのはもちろんだが、それにしても、人々が人生に希望をもって明るく生きていこうという社会全体の状況ができるのが、まず重要ではないだろうか。

　そのような状況をつくり出していく、主要な要素として、これまで述べてきたように、「加齢」を明るい、前向きのものとして、もう一度とらえ直すことが大いに役立つと思われる。社会が、これまでのような「若さ」重視でなく、「若さ」も「老い」も含めて「人生全体」を前向きにとらえていくことが必要である。高齢者についていえば、現在のような、高齢者を保護の対象としてしかみないのではなく、60歳、70歳でも個人個人のもっている能力に合わせて社会のなかで役割をもってもらい、社会の成員として有効に機能できるように社会の仕組みを変えていくべきである。

　最近、ボランティア等の、仕事を離れての活動が盛んに行われ、それに高齢者も積極的に参加している例が珍しくなくなったのは、これまで述べてきたことからみても歓迎すべきことだが、それを人々の善意や余暇に頼っているだけではいけない。社会システムのノンフォーマルのもの、政治や経済の正規のシステムが見落としている、手の届かないところを埋めてくれるものとして便利に使うというのではなく、高齢者も、女性や障害者なども含めて、すべての人が生涯にわたってその能力に合わせて、社会のなかで役割を果たし人間としての尊厳をもって生きていけるという仕組みを、正規の社会システムとして構築

できるように，社会構造自体をつくり直していくことが重要である。

　一方，高齢者自身も，自らの人生を肯定的にとらえて，それぞれのもっている能力にあわせ，自信をもって社会に積極的に参加し続けなければならない。その能力も，生涯発達の見方によれば，一生涯，前向きに獲得，発達させられる。たとえ身体的に衰えても，人間としての生き方は，「あんな人生を送りたい」「あんな人になりたい」と若者など他の人々に希望をもたせる生き方を，自分なりに送れるはずである。現在でも，高齢者が，その自分らしい自信をもった，前向きの生き方で，周りに明るい希望をもたせている。

　「子は親の背中を見て育つ」といわれるが，その背中が自信のない，暗いものでは，後ろから見る者も，見習おうという気持ちになれないだろうし，希望ある生き方はできない。

　少子高齢化の問題を克服し，生涯学習社会を実りあるものにしていくためには，まず，「年をとることはすばらしい」と「加齢のもつ意義」を再確認することが何より重要であろう。

注
(1) 平均寿命が50歳を超えたのは，1940年代後半であり，1930年代までは男女とも40歳代だった。それが，1970年代に男女とも70歳を超えて世界のトップクラスになり，このころから，高齢化が社会問題になっていった。
(2) 正確な統計が得られる1900（明治33）年の乳児死亡率（出生1000人当たり生後1年未満に死亡した人の比率）および新生児死亡率（同生後4週未満に死亡，1940以前は生後1ヵ月未満）は，155.0と79.0であった。すなわち，100年前の日本では，流産や死産もかなり高率であったが，ようやく生まれても，4人に1人は1年以内に亡くなってしまうのが実情であり，子どもの無事な成長に対する人々の，喜び，感謝の念は想像以上であったと思われる。なお，その後の乳児死亡率，新生児死亡率は急速に改善され，1970年代以降，世界のトップクラスになり，90年代からは世界一である。

	乳児死亡率	新生児死亡率
1920年	165.7	69.0
1940年	90.7	38.7
1950年	60.1	27.4
1960年	30.7	17.0
1970年	13.1	8.7
1980年	7.5	4.9
1990年	4.6	2.6
2000年	3.2	1.8

(出典）厚生労働省「人口動態統計」

(3) 氏家幹人『江戸人の老い』(PHP新書，2001)，本書には，江戸時代の将軍から庶民まで，さまざまな人々の「老い」の生きた例があげられているが，そこでは，現代以上に社会全体で高齢者が，主要な役割を果たしていた様子がうかがえる。
(4) 高橋恵子・波多野誼余夫『生涯発達の心理学』岩波新書，1990，pp.3-5
(5) 同上，pp.7-8
(6) 『新・教育心理学事典』（金子書房，1979）の「発達」の項より。
(7) 大串兎紀夫『生涯学習概説―学びの諸相』学文社，1997，pp.14-15
(8) 永田生慈「北斎の生涯と芸術」奈良県立美術館「北斎展」図録，2002，p.88

参考文献
高橋恵子・波多野誼余夫『生涯発達の心理学』（岩波新書152）1990．
楠戸義昭『老益～歴史に学ぶ50歳からの生き方』（NHKブックス724）1994．
氏家幹人『江戸人の老い』（PHP新書143）2001．
ユネスコ編『世界教育白書1996』東京書籍，1997．
日本人口学会編『人口大事典』培風館，2002．
依田新監修『新・教育心理学事典』金子書房，1979．
溝江昌吾『数字で読む日本人2002』自由国民社，2002．

第5章 "先人たちの生涯学習"を学ぶ
― 吉田松陰,近藤富蔵を例に ―

1. 生涯学習と人生

　生涯学習は,突き詰めていえば,それぞれの人の"生き方"(ライフスタイル,人生観)である。すべての人は,先人のつくってくれたさまざまな技術や知識,物を受け継ぎ,活用・利用して,生きている。そして,そのなかから自分自身の生き方を少しずつつくっていく。そういう点からも,身近な人を含め同時代の先輩たちや歴史上の人々,先人たちの生き方を,生涯学習の主要な対象として含めていかなければならない。

　その場合,両親や祖父母をはじめ先生や先輩などの,同時代の身近に接することのできる人々については,直接その生き方を,見たり聞いたりでき,そこからさまざまなことを直接学んでいくことが可能である。しかし,同時代でも大多数の人とは直接接することはできないし,まして時代を異にする歴史上の人々については,間接的にその生き方を知り,学ぶほかはない。

　同時代(近い過去も含めて)の人々の生き方は,最近ではさまざまなマスメディアを通じて,多種多様な情報として,生き方の一断面が伝わってくるし,人物紹介などそれらをまとめた形でも伝えられている。しかし,それらの多くは断片的であったり,その時々・時代の風潮からみた一面的な見方や評価のものである場合が多い。このため,先人たちの生き方が生涯学習の対象になるには,研究などによって客観的な人物像が明らかになる,ある程度の時間が必要であろう。これは,伝記などのドキュメントはもちろん,小説などの文学作品としては,いっそう人物像として熟成する時間が必要である。

このような理由から、われわれが人生を学ぶ人物は、どうしても歴史上の人物になる。一方、歴史上の人物の生き方は、細かい事実がわかりにくい、その人の生きた時代背景や社会状況が今とはまったく異なることなどから、現在のわれわれの生き方の参考にはならない、という考えもありうる。

　しかし、私は、時代や状況が異なるからこそ、参考になると考えている。同時代では、とかくその時代の流行・風潮、大勢の意見、雰囲気・イメージなどに流されて、冷静で客観的に理解し判断することが難しくなりがちである。歴史上の人の人生なら、時代や状況が違うことをしっかりと踏まえたうえで、その状況のなかでどう考え、生きたのか、客観的に判断できる。そして、人の一生、人生という面では時代の違いを超えて共通するもの、生きていくうえでいつの時代でも大切なものが、かえって素直に学び取れるのではないかと考えている。

　しかも歴史上の人物に学ぶことの最大の利点は、その人物の生涯、とくにその終わり方が、ほとんどの場合、わかっていることである。「終わりよければすべてよし」といわれているように、人生が幸せだったかどうかは、その終わり方にあるといっても過言ではないし、その人物が一時的なものでなく、長い目でみて社会にとってどのような役割を果たしたのかも冷静な判断が可能である。このように、その人物の一生涯を客観的に知ったうえで、その人の生き方やそれがどのような育ち方、経験で形成されたかを学ぶことができるのである。

　もともと、わが国でも歴史上の人物に学ぶということは、ごく普通に行われてきた。明治以降の学校教育でも、偉人・英雄などさまざまな形で先人の事績が教えられ、それが人生のモデル・手本とされてきた。しかし、第二次世界大戦の敗戦後、新日本建設＝過去の日本の否定という政治・社会状況のなかで、学校教育はもちろん社会教育でも、先人の事績は芸術家・文学者など以外は排除された。そして、一般の人が、先人を知るのは、小説やドラマというフィクションの世界に限られてしまったといえよう。

　各種の若者のアンケートで、尊敬する人として親が一番にあげられる例が多

いことにみられることは，身近な人以外，目標となる生き方が見いだせない，社会に共通する価値観が見失われている証左であろう。このような非確実な社会状況で，若者だけでなく社会として見習うべき大人，人物が見当たらないという時代には，生涯学習の立場からも，あらためて「先人の人生に学ぶ」ということの重要性が再認識されるべきではないだろうか。

　本章は，このような考えを具体的に示すために，以下，幕末の二人の人物の生涯，一人は"理想の教育者は"というと必ず多くの人が名をあげる「吉田松陰」，もう一人はよほどの専門家以外ほとんどの人がその名を知らない「近藤富蔵」を，簡略ではあるが取り上げて，生涯学習論の立場からその生涯を紹介してみようというものである。

　なお，筆者は歴史の専門家ではないし，上記二人の事績を独自に調べてもいないので，事績については，手元にある専門書（参考文献として示した）により，それを生涯学習論の立場から分析，考察する。

2．事例（1）吉田松陰

(1) 吉田松陰とは

　吉田松陰は，幕末，維新期の人物のなかでも著名な一人であり，維新で活躍した多くの志士を育てたことで知られている。最近でも，教育が社会問題となって教育者のあり方が話題になったときに，アンケートなどで「優れた教育者は？」と問われて，多くの人が，吉田松陰をあげることでもわかる。

　それでは，このきわめて評判の高い吉田松陰とは，どのような人物であったのか。まず，現代，一般的に受けとめられている姿を知るため，国語辞書の記述を紹介しよう（『広辞苑（第5版）』）。

　　よしだ－しょういん［吉田松陰］　幕末の志士。長州藩士。杉百合之助の次
　　　男。名は矩方（のりかた），字は義卿，通称，寅次郎。別号，二十一回猛士。

兵学に通じ，江戸に出て佐久間象山に洋学を学んだ。常に海外事情に意を用い，1854年（安政1）米艦渡来の際に下田で密航を企てて投獄。のち萩の松下村塾（しょうかそんじゅく）で子弟を薫陶。安政の大獄に座し，江戸で刑死。著「西遊日記」「講孟余話」「留魂録」など。(1830~1859)

　この解説でもわかるように，松陰はその29年余りの生涯のうち，最後の5年間の事績だけが有名である。すなわち，当時禁止されていた海外渡航を企て，伊豆・下田でペリー率いる米国軍艦に密かに乗り込もうとして失敗し，投獄されたことと，その後，萩で松下村塾を開いて幕末・明治維新の志士（久坂玄瑞，高杉晋作，伊藤博文，山県有朋など）を数多く育てたこと，その教育方法は学ぶ者の能力・個性を重視し，その人に合った教え方をした，などなど。

　幕末の動乱期に，有能な若者が世界を知ろうと海外渡航を企てるのはわかるが，法律を破ってでもいきなり実行してしまうという激しさと，その直後に，謹慎の身とはいえ冷静に多くの弟子を心を込めて育てていたであろう姿が，どうつながるのか，そこにどのような心の動きがあったのか，現代のわれわれには，なかなか理解しにくいのではないだろうか。

　当時，建物（校舎・教室）や教材・教具など物理的な教育条件は，きわめて貧しかったはずだし，近代的な教育課程（カリキュラム）などもなかったなかで，わずか数年で，多くの若者の「人生の師」と仰がれるようになるのは，どのような教育だったのだろうか。また，それを可能にした，松陰とは，どのような人物だったのか。とくに教育的に興味を引くのは，松陰が，どのように育ち，自分を育てていったのかということである。

　そこで，次に，吉田松陰の生涯を，本人の成長という面を中心にみてみよう。

(2) 吉田松陰の生涯

　まず，章末の資料1吉田松陰年譜を見ていただきたい。これを見て，まず気づくのが，幼くして（6歳－年齢はすべて数え）養子先の兵学師範の家を継いだ

ということである。生家は下級武士ではあるが学問を重視する家柄で，父や叔父に兄とともに厳しくしつけられたが，兵学師範の当主として一人前になるために，よりいっそう厳しく教育を受けたようである。松陰自身も，現代の同年代（小学生）では想像もできないような，厳しい専門的な学問修行に精進し，その期待に応え，15歳で藩主に講義ができるようになり，19歳でそれまでつけられていた後見人から自立し，独立した兵学師範として認められた。

　長州藩は，関ヶ原の戦いで敗れて領地を大幅に減らされたため，「必ずいつかは……」と軍備充実を怠らない藩であり，その兵学師範となれば，生半可の実力では認められないところである。まして当時は，諸外国からの開国要求などから，沿岸防備の増強が，全国的課題になっていた時期であるから，兵学といっても，単なる理論，本のうえでの議論だけでは通用せず，実際に役立つものでなければならなかったはずである。

　松陰も，自立するとまもなく，藩命で藩内の沿岸防備を視察し，21歳には九州遊学で各地の学者に学び，翌年江戸に出て，佐久間象山ら新しい知識人との交流を重ねるなどして，洋学を学ぶとともに世界情勢にも目を向けるようになった。

　そうしたなかで，日本の現状，幕府や諸藩の政治・現状認識に危機感をもつのは若者として当然であろう。松陰は，相模，安房の海防の状況を見た後，東北地方も見ようと計画する。当時は，長く藩邸を空けるには，藩の許可が必要であったが，松陰は，願いを出した後，許可が出るのを待たずに出発してしまう。これは，「脱藩」行為であり秩序を重んじる当時では，重大犯罪であった。友人たちは自重するように説得したが，松陰は，自分は正しいことをするのであり，なんらやましいことはないと，実行してしまう。

　彼は，藩という世界をすでに超えて，日本という視野で考え，行動していたといわれている。現代のわれわれからみれば，当然の態度であり，松陰自身もせいぜい謹慎—それも短期間の処分程度と考えていたらしい。しかし，当時の政治の責任者にとっては，秩序を乱す許されないことであり，萩での謹慎を命

じられ，士籍を剥奪されてしまう。それでも松陰の才能は，藩内でもだれもが認めるところであり，当時の海防の必要性という時代背景もあって，まもなく，「諸国遊学」は認められる。

そして，松陰が江戸に出て佐久間象山らに学んでいたとき，「外国船は長崎へ」という幕府の通告を無視して，黒船が強引に浦賀に来航したのを目撃し，悲憤慷慨するとともに，西洋諸国との軍事力の圧倒的な差を，いやでも知らされる。その後，佐久間象山の勧めで海外遊学を計画する。はじめは，長崎に来ていたロシア艦隊に乗船を頼むため長崎に行くが，着いた時はすでに出港した後で，やむなく江戸に帰る。

翌年，ペリーの再来のおり，ついに密航を決行したのである。今からみれば，それは計画も，準備もかなり杜撰で，とても成功するとは思えないものである。熱い思いは確かにすばらしいが，普通は，世間知らずの無鉄砲といわれる行動である。

そして，投獄され，謹慎中に「松下村塾」（正式には叔父が創設したのを引き継いだ）で多くの志士を育てるのだが，安政の大獄に連座し刑死する。

(3) 生涯学習からみた吉田松陰
① 松下村塾

教育者として名高い吉田松陰であるが，なぜ，罪人が教える，しかも私塾に多くの若者が集まったのだろうか。松下村塾も，はじめから大勢の弟子をかかえていたわけではなかった。松陰自身も書いているが，罪人として江戸から送り返された当初は，周囲，とくに大人たちの目は冷たいものだったようである。獄から出てからも，はじめは，家人や松陰の学識・人柄を知る，親戚などわずかな者に教えていただけだったが，やがて友が友を呼ぶように，人づてで評判が広がり次々と若者たちが入門したようである。

その門人も，城下の下級武士が中心ではあったが，上士や農民，商人の子弟など幅広い。松陰は，入門希望者はだれでも差別なく，その者の事情に合わせ

て受講させた。住み込む者，通う者，それも頻繁に来る者もあれば，たまに顔を出すだけの者もいたようである。松陰は，江戸にいたころも，獄中でもそうだが，相手を身分などではみず，学問を志す者には純粋に，熱意を込めて，真剣に講義した。多くの弟子を集めた第一の要因は，このような松陰の人柄であろう。当時は，今では想像もできないほど，人づての評判が重視されたと思われる。

しかし，社会的にみれば，当時の長州藩，あえていえば日本の時代状況が，松陰を必要としていた。国を想う，政治を想う，民を想う若者たちならだれでも，政治が対応能力を失っているように思ったはずである。頻発する飢饉・一揆，攘夷か開国かなど，内政・外交ともに大きな変革のときを迎えていると感じている者にとって，深い学識だけでなく，諸国で多くの人物に会い，新しい海外事情の知識ももった，しかも，禁を破ってでも，外国事情を知るために海外渡航を企て実行しようとした松陰は，魅力あふれる人物だったに違いない。そして，自らは実行できない国事を，若者たちに託そうという情熱あふれる講義に接すれば，次々と意欲あふれる若者が集まるのは当然だったかもしれない。

② 松陰の人間形成

松陰という人間が育つもっとも基本的な土台は，何より，父・叔父の訓育であったと思う。下級武士で豊かでない，というより貧しい経済状況で，一家は自給自足に近い生活だったようで，城勤めのないときは日中はほとんど一家そろって農作業をしなければならなかったが，その作業中も四書五経などを父が声を出して誦読し，松陰兄弟がこれを復唱して学んだという。もちろん，家に帰ってもさまざまな家事を手伝いながら，学問を怠らなかった。

物心ついて以来の，父や，叔父とくに玉木文之進の指導，そして，貧しいながら働き者でしかも優しい父母，言い争いや揉め事はまったくなかったという，幼児期の家庭環境が，松陰の人となりをつくる第一の要件だったのは間違いあるまい。この家庭環境が，素直で純粋で，常に前向きでしかも努力家の人柄を

つくったと思われる。

　純粋であると，とかく，視野の狭い独断専行の性格になりがちである。松陰も，幕府や藩の重役からみればそのとおりで，罪を犯し，獄につながれた。一方，時代を変えようという側からみれば，松陰こそ，視野が広く，時代に先駆けた思想と行動の人になる。どちらにしても，この純粋さ，直情径行ともいえるのが松陰の本質であり，魅力であろう。

③ 教育者としての松陰

　純粋さだけでは，教育者にはなれない。松陰は，幼くして兵学師範の家の当主となり，10代で藩主に講義するなどし，また藩校「明倫館」で教えたのだが，この頃までは，秀才の誉れは高かったものの，教育者としての特別の評判はなかったようである。

　それが，ペリーの軍艦に乗り込みをはかったとき，松陰に従った足軽の金子重之助は，ほんの2ヵ月前に知り合ったばかりなのに，松陰の考えに全面的に賛同して，強く同行を願ったというように，強く人をひきつける魅力を備えるようになっている。萩を出て諸国遊学した間に，松陰は大きく成長したと思われる。

　その5年間に，彼は九州はじめ諸国を遊学して，多くの人々に学び，世の中の実情や世界情勢を学んで，今，自分がやるべきことは何かという，使命感を強く自覚したのではないだろうか。

　はじめは単純な攘夷論者だった松陰が，師の佐久間象山に，相手と対等な国力をつける必要があり相手から学ぶ必要があると海外遊学を勧められ，より広い視野で，より高い使命感に目覚めた。それがおのずから言動に表れ，金子をひきつけたのであろう。そのうえ，密航が失敗して，獄に繋がれるという経験がさらに人柄を大きくしたと思われる。世のため，人のためと信じている自分の想いが，自分自身ではどうすることもできない，という境遇におかれたとき，何をなすべきか，どう身を処すべきか，それに真剣に立ち向かったとき，もう

ひとつ成長したのではないだろうか。

　それを証明するのが，松陰の獄中のエピソードである。松陰が投獄されていたのは1年余りであるが，はじめ自分だけで勉強していたが，半年を過ぎたころ，囚人のなかの一部の者と，お互いの得意分野（松陰の孟子などのほか俳諧，書道などを教える者がいた）を互いに教え合うという獄中勉強会を始め，やがて10人余の囚人だけでなく獄吏までも加わるようになったという。松陰は，この経験を踏まえ，長い獄中暮らしで生きることに意欲をなくしていた者も，教育しだいで立派な人間に成長する，と兄に手紙を書いている。

　そして，獄制改革―当時の押し込めておくだけの罰ではますます悪人になってしまう，長く獄につなぐのなら正しい教育をすれば社会に有用な者になる，と，近代的な矯正教育の考えを論文として提案している。

　これは，およそ政治の目的は，すべての人々の心を奮いたたせ，やる気を起こさせることであり，法を無視した自暴自棄の状態に追い込むのは政治の失敗である，これは刑罰を与える場合も例外ではないとの，松陰の信念からきている。これをもう一歩進めれば，あらゆる人間は正しく導かれれば必ずそれなりに立派に社会に有用な人になる，ということであろう。そして，世の指導的立場の者の使命は，人々の心を奮いたたせるように，正しく導くことであるということである。

　身分や地位，経歴や現在の状況，それらを超えてすべての人に可能性をみる，この，基本的な人間観が，時代の要請ともあわせて，吉田松陰の生き方を後の世の人々にも感動を与えるものにしている根本的なものではないだろうか。

3．事例（2）近藤富蔵

（1）近藤富蔵とは

　先にも書いたが，「近藤富蔵」といってもほとんどの人はその名を聞いたこともないであろう。もちろん，高校の歴史の教科書でも普通は取り上げていな

い。私がこの名に出会ったのは、昭和30年代に出版された『風土記日本』の第4巻関東・中部篇で、伊豆諸島の流人を取り上げたなかでである。そこで、幕末の八丈島のあらゆることを驚異的な詳細さで記した『八丈実記』69巻という膨大な記録があり、その著者が罪人であり、しかも、近藤重蔵の長男だと知って興味をもった。『八丈実記』は後に学問的に貴重ということで復刻されている。

近藤重蔵といえば、日本史の教科書にも必ず出てくる有名人である。ここでも、『広辞苑（第5版）』から引用する。

> こんどう-じゅうぞう［近藤重蔵］　江戸後期の探検家・書誌学者。幕府先手組与力。名は守重、号は正斎。幕命をうけて、五度、北蝦夷・千島列島を探査。のち書物奉行。著「右文故事」「外蕃通書」「蝦夷地全図」など。(1771-1829)

富蔵の父の近藤重蔵は、当時幕府の重要な課題となった北辺防備のため、困難な探検を繰り返して大きな成果を挙げて、奉行にまで出世した。とくに、寛政10（1798）年択捉（えとろふ）島に「大日本恵土呂布」の標柱を立てたので有名である。富蔵はその長男であるが、その恵まれた家に育った富蔵がなぜ罪を犯し、重罪人として八丈島に流されたのであろうか。また、流人である富蔵が、後の世に学問的にきわめて重要とされる、記録を残すことができたのであろうか。

(2) 近藤富蔵の生涯

富蔵が生まれた文化2（1805）年は、一方で「化政文化」といわれるように江戸文化が爛熟したころであり、一方、30年ほど前からロシア船が盛んに北方の蝦夷、千島などに来航するのに対し、幕府も最上徳内、近藤重蔵、伊能忠敬、間宮林蔵などを派遣して、北の経営と、守りに力を入れていたころで、ま

もなく幕末の動乱を迎える時代である。

　しかし，一部の者を除いて大部分の人々は，太平の世を享受していた。しばしば飢饉に襲われた農村はともかく，都市，とくに江戸は当時，世界でももっとも豊かといわれるほどに繁昌していた。大いに武名を上げた，近藤重蔵も極めて贅沢な生活ぶりだったようである。江戸の郊外—現在の渋谷だが当時は郊外だった—に，大規模な別荘を立て，庭には高さ15メートルもの富士山や滝を築いて江戸中の評判になったという。さらに，女性関係がきわめて乱れており，最初の妻，梅子（旗本の娘）とも，富蔵が生まれるとすぐに離縁し，以後次々と妻を代え愛人をつくっている。

　近藤重蔵の豪放で誇り高い性格は，北方探検という想像を超える困難な事業を成功させるもとになったが，一方，それが傲慢不遜で人を人とも思わぬ暮らしをさせたともいえよう。それは，本人の幕府での地位を危うくさせたばかりか，家族にも大きな災難をもたらした。とくに，長男の富蔵は，生まれてすぐに母と別れさせられ，だからこそ，祖父には過保護といってもいいほどにかわいがられた。

　資料2，近藤富蔵年譜をみてもわかるように，富蔵は15歳（数え年）の将軍お目見えまでに，大身旗本の跡継ぎとしての文武両道の修行を続けているが，本人は，学問も武道もあまり好まなかったようである。

　そうしたなか，父重蔵が大坂弓奉行に代えられる。いくら功績のあるものでも，贅沢禁止の政策を強く進めている幕府としては，重蔵の派手すぎる暮らしぶりは許しておけなかったわけで，江戸から遠ざける，明らかな左遷であった。大坂へは，富蔵も同行したが，父の行状は，改まるどころかえってひどくなり，ご法度とされていた公家の娘との結婚をごまかしてあげてしまう。そして，4年後，免職されて江戸に呼び戻され，謹慎同然になってしまう。

　一方，富蔵は大坂で町人の娘を見そめ，その母に将来の結婚を願う。父とは違って，純情一途であった。しかし，父は息子には厳しく，町人との結婚を許してくれない。富蔵は，散々迷ったあげく大坂の家を飛び出し，越後高田（新

潟県)の浄土真宗の寺に,修行に入る。しかしそれも長続きせず,何度も挫折し,諸国を巡ったり江戸や大坂に帰ったりを繰り返したが,結局約4年間,事件を起こすまでこの寺での修行を続けながら迷い続ける。

　文政9 (1826) 年,富蔵22歳の時,町人一家七人を斬殺するという事件を起こしてしまう。父が作った渋谷の別荘を,大坂にいる間管理を任せていた,隣の塚越半之助という町人が勝手に使っていたが,重蔵が住むために返還を要求すると,落ち目の重蔵の足元をみたのか,塚越は,返還を拒否したばかりか,役人に賄賂を使い自分のものだと訴訟まで起こすが,結局,塚越の敗訴となり,そこに富蔵が住むことになる。しかし,塚越のさまざまな嫌がらせ,富蔵からみれば無礼な行いにも,傷心の重蔵はじっと耐えるばかり,その父の姿に,富蔵は苛立ちを募らせていたが,ついに忍耐が切れ,塚越一家の七人を従僕と三人で切り殺してしまう。

　はじめ,興奮していたためか,富蔵は,相手が悪く理は自分にあると思っており,罰を受けてもせいぜい謹慎ぐらいと考えていたようであるが,しばらくして,冷静になると自分のしたことの重大さ,一時の感情に任せて取り返しのつかないことをしてしまったと,気づいたようである。父とともに揚げ屋敷(武士用の牢屋)に入れられ,お家断絶,富蔵は八丈島へ流罪,父は近江大溝藩(今の滋賀県高島町)へお預けという厳しい判決を下される。

　また,富蔵に従った従者二人も入牢させられ,二人は厳しい牢屋の環境に耐えられず獄死してしまう。

　翌年,富蔵は八丈島に送られるが,父に似て体が大きく丈夫だった彼は,苛酷な牢屋暮らしにもなんとか耐えて島に着く。流人は島内では勝手しだいとなっているが,これは島に何の縁もない流人には,かえって厳しいといえる。自分で生きていかなければならないからである。富蔵も,島の村々を回って農作業などの手伝いなどで何とか暮らしていくほかなかったが,夢から覚めたように本来のやさしい穏やかな性格に戻った富蔵は,島の暮らしに適応し,翌年,島の有力町人の娘に見初められ結婚する。こうして,妻の実家の援助も得て,

安定した生活が訪れる。何人もの子どももでき，富蔵にとって生まれて以来はじめての，家族の団欒を経験する。

この落ち着いた暮らしを送りながら，富蔵は，幼い頃からあまり熱心でなかった勉学に励むようになる。江戸や大坂では恵まれた環境にもかかわらずやる気の起こらなかった勉学が，ようやく，厳しい条件の八丈島で取り組む気になったのである。父の影響からか，はじめは，八丈島をはじめ伊豆諸島の地図づくりから始め，やがて，彼が仕事で訪れる村々の暮らしや自然，言い伝えなどありとあらゆることを，まじめな性格そのままに詳細に記録していく。

42歳の時，代官の江川太郎左衛門が八丈島を巡察に訪れた際には，「伊豆国附八丈島地図」を差し出して，大いに面目を施したという。またこの頃，富蔵は彼が集めた島の記録を編集した『八丈実記』の執筆に取りかかり，7，8年で一応書き上げたらしい。しかし，その後も世に知られることなく置かれている間に，何度も加筆，訂正をしている。やがて，彼の人柄からか，村人から「近藤じい（爺）」と呼ばれて親しまれるようになり，さらに，討幕運動にかかわった学者，鹿島則文が流人として流されてきてからは鹿島に師事して勉学に励むなどし，60代を迎えるころには，富蔵が詩会（和歌，漢詩，俳句などの勉強会）を主宰して，「近藤先生」と呼ばれるようになっていた。

やがて，明治となり，法律体系もすべて変わったが，富蔵の赦免の沙汰はなかなか降りなかった。その間，明治11（1878）年，うわさを聞いた役人から『八丈実記』の浄書，上納を命じられ，大喜びした富蔵は69巻に清書して差し出した。

そして，明治13（1880）年ようやく赦免の沙汰が届き，実に54年ぶりに生まれ故郷の江戸（すでに東京と改称されていた）に帰ることができた。そして，はるか昔の，父の死（50年前に大溝で病死）を知り，まず墓参りをした後，島から出られなかった時間を取り戻すように，1年余り西国各地を巡歴，というよりむしろ社寺巡礼をする。生まれ故郷であり，息子や娘もいる東京であったが，文明開化の都にはなじめなかったのか，八丈島に帰り，5年後の明治20

(1887) 年6月1日, 83年の生涯を, 静かに閉じた。

　なお,『八丈実記』は, 富蔵が死んだ年の秋に東京府に買い上げられ, 都政資料館に保存されていたが, 広く世に知られるのは, はるか後の昭和30年代に復刻されてからである。

(3) 近藤富蔵とは何者か

　富蔵の生涯は大きく二つに分けられる。すなわち, 大きすぎる父のもとで厳しく育てられた青少年時代の20年余りと, 罪を犯し, 流人となってからの八丈島での60年である。青少年時代は, 有名な武士である父のもとで経済的には恵まれた生活であったが, 精神的にはかなり悪い状況にあったといえよう。大坂から越後の寺へとさまようように迷う姿は, 少年期までの父の檻から出られなかった富蔵が, なんとか抜け出そうとしていたのであり, さらに, 父の行状から自分の母は実は下女だったのではと疑ったり, 自分も父のように立派になりたいと思ったり, いやああはなりたくないなどと, 心が乱れに乱れていたのではないだろうか。何より, 母の暖かさをほとんど知らなかった幼年期が, 純粋だが, 自信のないいかにも弱い性格をつくるのに, もっとも大きく影響していたと思われる。

　そして, 父に気に入られようという無意識の気持から, 父だけでなく町人にさえ馬鹿にされたと感じたとき, 自己を否定されたことに対して, 爆発的に暴力に走ってしまったのではないか。しかし, 結果は惨めな逆のものであり, 自分自身も, 悔いばかりが残ったであろう。この, 悔悟の情は, 生涯消えることはなかったようで, 後半生の生き方を基本的に規定したように思われる。

　その富蔵の乱れた心を癒したのは, 八丈島の人々の素朴で暖かい人情だった。富蔵自身, 純粋で, 細やかな情の持ち主であり, だからこそ悩みも深かったのであろう。近藤重蔵という時代の最先端の父から受け入れられず, 取り残されていた, 息子, 富蔵が, 流人の島という社会から取り残された八丈島で, 互いに, 共鳴し合い, 幸せな後半生を送ることができ, その上『八丈実記』という

歴史に残る貴重な文化遺産を生み出したといえるのではないだろうか。

　近藤富蔵の青年時代をみると，私はなぜか，現代の若者たちを思い出してしまう。物質的には，きわめて恵まれてはいるが，それだけいっそう，精神的には悩み，迷い，自分を見つけられないでいる。そして，何をしたらよいのかわからないままに，突発的に，激情にかられて，自分でも驚くような，取り返しのつかないことをしてしまう。それが，直感的にわかったものは，むしろ，なるべく何もしないように，外からみれば，怠惰な日々を送る。こんな姿が，二重写しになるのは，思い過ごしであろうか。

おわりに

　吉田松陰と近藤富蔵，まったく異なる人生を送った二人だが，共通するのは，二人ともその性格が，純粋で素直であり，また，どんなことにも真剣に真面目に，真正面から取り組み全力でぶつかったこと，さらに，さまざまなこと，とくに，人間に対して強い興味をもち，好奇心あふれる人だったことであろう。その妥協をしない真剣な生き方と熱情，そして芯にある温かな人柄が，周りの多くの人々にも伝わり，お互いに豊かな人間関係が結ばれるもととなったのではないだろうか。そして，そのような二人の性格形成は，乳幼児期の体験が基礎であり，それが，後の人生に大きな影響を及ぼしている，ということであろう。

　幕末動乱という変革の時代が，松陰の生き方を光り輝くものにし，一方，八丈島という豊かな自然と素朴な人情が，富蔵を立ち直らせたのは間違いない。しかし，それに応えた二人の人格をつくったのは，周囲の厳しいが，しかし決して突き放さない接し方だったのではないだろうか。その意味でも二人の人生は，教育や育児，自己確立などで，混乱を極めている，現代にも大いに参考になると思われる。

資料1　吉田松陰　年譜

和暦	西暦	齢	関係事項	一般事項
天保元	1830	1	8月4日長門国萩松本村に誕生。杉百合之助の次男，幼名虎之助。母は児玉氏，滝。兄のほか2人の叔父同居。	藩内各地に一揆
5	1834	5	叔父吉田大助（山鹿流兵学師範）の仮養子となる。	この頃全国で飢饉 水野忠邦老中に
6	1835	6	叔父大助没，享年29歳。家督相続，大次郎と改称。	
9	1838	9	家学教授見習いとして明倫館に出仕。	大塩平八郎の乱 (1837)
10	1839	10	藩主に「武教全書」講義。叔父玉木文之進，自宅謹慎。	蛮社の獄（1839）
12	1841	12	馬術，剣術，槍術を学ぶ。	アヘン戦争
13	1842	13	叔父文之進，家学後見人となり，自宅に松下村塾創める。兄梅太郎とこの塾に学ぶ。	(1840-42)
弘化元	1844	15	藩主親試で特命で「孫子」を講義。この間，長沼流兵学，西洋陣法，荻野流砲術などを学ぶ。	萩藩沿岸に砲台築く
嘉永元	1848	19	家学後見人を全て解かれ，独立の師範となる。	
2	1849	20	藩命で沿岸防備の視察。	幕府「打払令」復活の可否を問い，海防論沸騰
3	1850	21	8－12月九州遊歴。	
4	1851	22	3月参勤交代に従い江戸へ，6月宮部鼎蔵と相模・安房の沿岸防備を踏査，12月藩邸を	
5	1852	23	出奔，翌年にかけ水戸，会津，秋田，青森など巡り，5月藩邸に自首，帰国・謹慎。松陰と号す。士籍削除。12月父諸国遊学願い出。	
6	1853	24	正月諸国遊学へ，近畿から5月江戸へ，黒船来航を聞き浦賀へ。9－11月露艦乗り込みのため長崎へ，乗れずに江戸に帰る。	6月ペリー浦賀来航
安政元	1854	25	3月米艦乗込みを策し金子重之助と下田へ，失敗，自首。国元蟄居で帰国，野山獄へ。父，兄謹慎。	正月米艦再来 日米和親条約
2	1855	26	正月金子獄中で病没。4月ごろ獄中の人と勉学開始。12月出獄，生家で蟄居。	
3	1856	27	近親者などの授業開始。	

4	1857	28	自宅内に塾舎を建て塾生と共同生活。	4月井伊直弼大老に
5	1858	29	家学教授の公許。	9月安政の大獄始ま
			11月塾生と血盟，老中襲撃を策す。	る
			12月野山再獄。	
6	1859	30	5月江戸へ護送，10月罪状申渡し。	
			10月27日斬刑。	

(出典) 海原徹著『吉田松陰』ミネルヴァ日本評伝選，2003，の年表より作成。

資料2　近藤富蔵　年譜

和暦	西暦	齢	関係事項	一般事項
文化2	1805	1	5月3日江戸に誕生。父は蝦夷地探検で有名な旗本近藤重蔵。母は楳子。	
7	1810	7	絵を習い，俳句を読む。	
10	1813	9	手習いを始める。	
13	1816	12	四書の素読を習う。	
14	1817	13	五経を学ぶ。	
文政2	1819	15	将軍にお目見え。	
3	1820	16	父重蔵，大坂弓奉行に，富蔵も大阪へ。	
5	1822	18	越後高田，仏光寺で浄土真宗を学ぶ。(約4年滞在)	
7	1824	20	父，大坂の任解け江戸に帰る。	異国船打払い令
8	1825	21	塚越半之助，徒党を組み父に無礼を働く。	
9	1826	22	5月17日，塚越一家7人を切捨てる。6月3日，富蔵，重蔵ともに揚げ座敷へ。10月，重蔵は大溝藩へお預け，家名断絶，富蔵は八丈島へ流罪の判決。	
10	1827	23	4月，八丈島へ。	
11	1828	24	沖山栄右衛門の娘（逸いつ）と結婚。	シーボルト事件
12	1829	25	父重蔵，大溝で病没。長女操（みさお）誕生。	諸国飢饉，御蔭参り流行
天保元〜5				
天保6	1835	31	長男守一誕生。『官間破邪』書き上げる。	
11	1840	36	次女千代野誕生。	
弘化3	1846	42	『伊豆国附八丈島地図』作成，上納。長男病死。	
嘉永3	1850	46	『伊豆国海島之図』書き上げる。	
6	1853	49		ペリー来航

7	1854	50	『青ヶ島大略記』完成。	
安政6	1859	55		安政の大獄
慶応3	1867	63	詩会の主宰者になり，八丈八景を撰す。	大政奉還
明治元	1868	64		
2	1869	65	鹿島則文『八丈実記序』を撰する。	版籍奉還
3	1870	66	長女操東京へ。	
5	1872	68	三根村川の平夕学館の副師範に。	
9	1876	72	『八丈実記』を岡和田寛利に貸す。	
11	1878	74	『八丈実記』の浄書，上納を命じられる。	
13	1880	76	2月27日赦免。10月八丈島出港，東京へ。10月29日正式に赦免申し渡される。12月から西国巡歴。17日滋賀県大溝勝野村の父の墓参り。	
14	1881	77	近江巡歴。7月以降紀州，大和，近江の社寺参詣の旅。東海道を経て11月帰京。病気に。	
15	1882	78	夏，八丈島へ帰る。観音堂の堂守に。	
18	1885	81	『白玉文集』編集。	
20	1887	83	6月1日死去。	

(出典) 小川武著『近藤富蔵—八丈島流人物語』成美堂出版, 1973, の年表より作成。

参考文献

海原徹『吉田松陰』ミネルヴァ日本評伝選, ミネルヴァ書房, 2003.
野口武彦『江戸の兵学思想』中央公論社, 1991.
水谷三公『江戸は夢か』(ちくまライブラリー79), 筑摩書房, 1992.
小川武『近藤富蔵—八丈島流人物語』成美堂出版, 1973.
宮本常一ほか編『風土記日本 第4巻 関東・中部篇』平凡社, 1960.
近藤富蔵ほか『八丈実記第1巻〜8巻』緑地社, 1964-76.

第6章 生涯学習と識字（リテラシー）

1．識字（リテラシー）への社会的関心

　わが国では，「識字」が，社会的にあまり大きな問題として認識されていないし，また，教育の世界でも通常は大きく取り上げられることがない。たとえば，時事用語を扱う『現代用語の基礎知識』『イミダス』『知恵蔵』にはいずれも識字の項目がなく，そのなかの外来語の解説で「リテラシー＝読み書き能力」と解説しているのみである。また『広辞苑』でも「識字＝文字の読み書きができること。『―運動』」とあるだけである。さらに，『生涯学習事典』（東京書籍）では，識字，識字運動，識字教育の言葉は出てくるが，それは諸外国，とくに開発途上国の教育課題の一つとして取り上げられているだけで，わが国の問題としては扱っていない。

　わが国で「識字」といえば，『広辞苑』にもあるように，識字運動に限ってみるイメージがある。しかもそれは，同和教育や在日韓国・朝鮮人への教育の一部としての識字学級に限って，という限定的にしかとらえていないのが現状といえる。

　しかし，世界的にみれば識字は，教育の問題としてばかりでなく，社会のあらゆる面でのきわめて重要な課題として，先進国，開発途上国を問わず真剣に取り組んでいる問題である。国連は1990年を「国際識字年（International Literacy Year. 以下，ILY）」として世界的な取組みを呼びかけたが，そのなかで，この問題は「20世紀最後の課題だ」とまでいっている。

　この識字に関する，世界と日本の社会的な関心・取組みの違いはどこからくるのであろうか。もちろん，世界的な課題だからといって，わが国として取り

組む必要がなければ，それほど真剣にならなくてもよいといえるし，むしろ問題が少ないことを喜んでいいのかもしれない。しかし，果たして問題がないから無関心で済ましているのだろうか。私にはそう思えない。これまでも，もっと真剣に取り組むべきだったし，生涯学習社会，情報化社会の時代を迎えて，ますます，より真剣に取り組んでいく必要があると考えている。以下，生涯学習のなかでの識字の重要性について，コミュニケーションとの関係も含めて考えていきたい。

2．国際的な識字（リテラシー）の動き

前述のように，国連のユネスコ（UNESCO）は，1990年を「国際識字年（ILY）」として世界に問題提起したが，これは，何もその時に突然提起されたのではない。有名なP.ラングランの「生涯教育」の提唱は，1965年にユネスコの世界成人教育会議で行われたが，そのなかでも具体的な活動内容として「識字」があげられている。国連・ユネスコの生涯教育に関する理論化と実践活動は，その後，1972年の「フォール報告（Learning to Be）」や，1975年の「識字教育に関する教育相会議」などを経て，1985年の第4回世界成人教育会議の「学習権宣言」で集約されるが，それらを受けて，1990年のILYが提唱されたのである。

ユネスコの「学習権宣言」によると，

「学習権とは，
読み書きの権利であり，
問い続け，深く考える権利であり，
想像し，創造する権利であり，
自分自身の世界を読みとり，歴史をつづる権利であり，
あらゆる教育の手だてを得る権利であり，

個人的・集団的力量を発達させる権利である。」

 とし、「学習権は、人間の生存にとって不可欠の手段」であり「学習権なくして、人間的発達はなく、農業や工業の躍進も地域の健康の増進もなく」また「生活水準の向上もない」ゆえに「基本的人権の一つ」であるとしている（国民教育研究所訳）。
 学習権の第一に「読み書き」＝「識字」をあげているが、それは、単に文字が読め書ければよいのではなく、人間が人間として人間らしく生きるための、「生涯学習」を進めるための、基礎的能力としてとらえられている。このため、単なる識字（リテラシー）にたいし「機能的識字」（functional literacy）という概念を用いている。
 ユネスコの「成人教育用語集」によれば、「機能的識字とは、個人が属している集団や共同社会を効果的に機能させるための活動に積極的にかかわることができるような、読み・書き・計算能力であり、自分自身の発達と共同社会の発展のために使い続けられるような能力」としている。つまり、単に読み書きができるだけでなく、その能力を用いて社会とのかかわりをもつことで、個人として自立的に生きていくとともに、社会的にも一人前に、市民・国民として社会に働きかけながら生きていくための能力として、位置づけているのである。
 このため、ILYにあたっては、世界中の非識字者（開発途上国を中心に10億人いるといわれる母国語の読み書きができない人）を無くすための出発とする、という目標とともに、開発途上国だけでなく先進国にもかかわる問題である、として、21世紀に向かって、あらゆる国が非識字者に対してだけでなく、社会全体の課題として取り組むよう、呼びかけている。
 つまり、学習権宣言の考え方からすれば、すべての成人が初歩の母国語の読み書きや計算能力をもつようになるのはもちろん、さらに市民としての活動ができる能力（機能的識字＝コミュニケーション能力ともいえる）を身につけることが重要であり、それは、先進国といえどもまだまだであるということであろう。

たとえば，アメリカ合衆国では，通常，識字率は99％といわれているが，それは調査上の見せかけの数字であり，単に「自分の名前が書ける」だけの人も識字者としているからで，実際には機能的非識字者は数十％に達するといわれる。それは，移民や不法入国者の多くが英語を十分には話せず，まして読み書きはできないし，さらに調査の時に対象から漏れてしまうためであるといわれる。このようなことは，多少事情は違っても，英，仏，独などの国々に共通する（*Lifelong Education for Adults An International Handbook* による）。

　こうみてくると，前にいったように，日本も「識字」の問題に無関係でないことがわかるであろう。近年わが国も，日本語のできない外国人が急激に増えている。労働許可のある日系のブラジル人やペルー人は十数万人いるが，その多くは日本語の読み書きはもちろん話すことも不十分である。また，いわゆる不法入国，不法労働の外国人もかなりの数に上っているが，そのほとんどは日本語の読み書きはできないと思われる。

　これらは，「日本語教育」や「国際理解教育」として，一部の特別な人々対象の教育活動として扱われている。しかし，これらは「基礎的」識字教育ではあるが，「機能的」識字教育としては不十分である。

3．現代のリテラシー

　リテラシーは語源からいっても，元来は文字の読み書き能力を意味するが，「学習権宣言」の例でもわかるように，国際的にはより広い意味でとらえるようになっており，それに対応するのが「機能的識字」である。これに対し，わが国では「識字」という訳語のせいか，いまだに文字の基礎的読み・書き能力だけに限定してしまう傾向が強い。

　文字は，これまで文化の創造・伝承の中心的な役割を果たしてきたため，読み書き能力がきわめて重視されてきた。近代以前は，ごく一部のエリートのものだった文字を，国民全体のものにしようというのが，近代化の一つの姿とも

いえる。このため，読み書き能力を育てる「教育」が，近代化の大きな柱といわれるのである。世界の諸国がリテラシーを，生涯教育・成人教育の重要なテーマにしているのも，社会の近代化の基礎としての認識があるためであろう。

近代化の初期には，なるべく多くの人々の読み書きの初歩＝基礎的リテラシーを育てるのが目標であったが，より民主的な社会の形成者としての自立した市民となるためには，機能的リテラシーの育成が必須の課題となってきたのである。欧米の国々は，近代化を時間をかけて進めてきたためもあってか，リテラシーも成人教育の中心テーマとして常に重視されてきた。これに対して，わが国は，江戸時代にすでに寺子屋などにより庶民の識字率がかなり高かったこともあって，学校教育の普及もスムーズに進み，半世紀も経たないうちに欧米諸国以上の90％を超す識字率を達成した。このため，成人教育・社会教育での基礎的リテラシー教育はあまり重視されなかった，というより軽視されてきたのである。これが，はじめに述べた識字に対する社会的無関心の原因といえる。

しかし，ユネスコの提唱をまつまでもなく，自立した個人の育成という生涯学習の時代にあっては，基礎的リテラシーを身につけるだけでは不十分であり，「機能的リテラシー」をしっかりと育てなければならない。学校教育も社会教育も，生涯学習の視点から，基本的人権としての学習権という観点も含めて，見直しが必要である。

ところで，もともと文字は，言語の一つである文字言語に用いられるメディア（媒体）である。そういう意味では，文字を読み書きする能力（リテラシー）は，ことばを話し聞く能力や動作や表情を理解し表現する能力（ノンバーバルコミュニケーション能力），絵を描き鑑賞する能力，音楽を演奏し鑑賞する能力など多くのコミュニケーション能力の一つである。

現代のコミュニケーションは，文字などの従来のメディアだけでなく，マスメディアや電子メディア（コンピュータ，ビデオ，ファックスなど）の発達により，きわめて多様なメディアによって行われるようになった。現代の社会生活は，

これらの多様なメディアなくしては，一日としておくれない。日常生活，職業生活はもちろん教育・学習，娯楽などあらゆる場で多様なメディアが介在している。現代のコミュニケーションはこれらのメディアを使い，活用しなければ十分には行えない。

　このような状況に対応して，最近「メディア・リテラシー」の重要性が強く言われるようになった。欧米諸国では，10年以上前から学校教育や生涯教育で，メディア・リテラシー教育が行われている。その多くは，独立した教科を設けるだけでなく，国語，社会，理科，美術，音楽，家庭などの教科でもメディア教育の観点を取り入れたカリキュラムや学習内容に改訂されているという。

　現代はまた，国際化，グローバル化の時代でもある。「ひと，もの，こと」のあらゆる面で，世界中の人々，文化とつながりをもたなければならないようになっている。現代はまた，自立した市民として社会生活をおくるには，異文化どうしのコミュニケーションが欠かせない。当然，「異文化リテラシー」が求められ，その育成も重要となる。

　現代のリテラシーとしては，基本的な文字の読み書き能力，文字通り「識字」だけでなく，自立した市民として社会生活を送るための「機能的リテラシー」，言葉の面でいえばがなり高度な文章を理解し表現でき，議論や交渉ができる能力，そして，メディア・リテラシーや異文化リテラシーなど多様な能力が必要であろう。

　これらの多様なリテラシーを，家庭教育，学校教育，社会教育のあらゆる場で総合的にとらえ，生涯を通じて育てていく，これが「生涯学習体系」といえるのではないだろうか。

参考文献
日本生涯教育学会編『生涯学習事典』東京書籍，1990.
社会教育推進全国協議会編『社会教育・生涯学習ハンドブック』エイデル研究所，1989.
文部省内生涯学習・社会教育行政研究会編『生涯学習・社会教育行政必携（平成2年版）』第

一法規出版,1990.

C.J.Titmus,ed., *Lifelong Education for Adults An International Handbook*, PERGAMON PRESS, 1985.

カナダ・オンタリオ州教育省編,FTC（市民のテレビの会）訳『メディア・リテラシー－マスメディアを読み解く－』リベルタ出版,1992.

第7章　生涯学習時代の「家庭」と「地域」

はじめに

　近年，学校教育にさまざまな問題が起こり，また青少年にかかわる問題が社会問題としてマスコミをにぎわすようになって，学校教育にとって，家庭教育や地域（社会）教育の見直し，家庭や地域の「教育力」の再興が急務といわれている。また，生涯学習・生涯教育の世界でも家庭・社会（地域）・学校の関係をどう考え，位置づけたらよいのか盛んに議論されている。

　そもそも，教育と家庭，地域（社会），学校との関係はどうなっているのか，これまでの歴史的経緯を踏まえて，現在の状況を見直し，生涯学習時代といわれる現在，どのように考え，今後どのような方向に進んでいけばよいのか，今後の，教育問題を考えるにあたって，是非，考えておかなければならないことであると思う。本章は，このような問題意識にたった筆者なりの試論，提案である。

1．教育・学習の場

　教育は，学習という視点でみると，個人が行うものであり，個人に対して行われるのが基本であるが，教育を行い，行われる場としては，通常「家庭」「社会（地域）」「学校」の三つがあげられ，とくにその中心は学校であるというのが常識のようになっている。

　しかし，学校が教育の主要な場として位置づけられたのは，近代になって（日本では明治時代以降の）学校教育が制度として整えられてからのことである。それ以前は，教育は通常，家庭（家族）とそれが直接属する社会（地域）で行

われていた。もちろん、家庭、属する社会といっても、その職業、身分によって異なっており、たとえば江戸時代、人口の大部分だった農漁民（百姓）は生活の大部分を共同体としての地域（集落）と一体となって送っており、教育・学習も家庭およびそれと直結した地域で、生産・生活と直結した内容のものが行われていた。一方、武士は、幕藩体制に組み込まれており、家と藩（地域というより組織といえる）で支配階級に相応しい内容の教育・学習が行われていた。

　もちろん、江戸時代でも庶民（農工商）の教育機関としていわゆる寺子屋が、都市だけでなく全国に現在の小学校の数に匹敵するほど多数あった。また、武士では藩校、僧侶では寺院、また武道の道場や儒学などの私塾など、現在の学校といってもよい機関・施設は多数存在し、多くの人々が学んでいた。しかし、これらはいずれも職業、身分、地域などが個別に自分たちのためにつくったもので、私的、自主的であり、全国民対象として制度化されたものではなかった。

　いずれにしても、学校が国全体の制度として整えられる以前は、教育・学習はそれぞれの人やその親の生活の場＝日常生活の場と社会生活の場で行われていた。

　わが国の場合、明治維新後、近代国家の創成をめざすなかで、「国民」をつくる＝人々に社会（国）に対して共通の意識をもたせる必要があった。つまり、日本が外部に対して閉じられた体制の時代、いわゆる鎖国体制では、「士農工商」のように人々を分けておいたほうが支配に都合がよかったが、国を開いて諸外国とわたりあうためには、国民として共通の意識をもたせる必要があった。そのために、国民全員に共通する教育をする専門的な仕組みとして「学校」が必要になったのである。

　国家の近代化のため学校中心の教育制度を取り入れたのは、開発途上のわが国として当然だったといえるが、100年以上が経ち、曲がりなりにも先進国になった現在、教育のありようも変わらなければならないし、教育の場も変わっていかなければならなくなったのである。

2．近代における家庭と地域

　もともと，人の生きる空間は，長い間「個人」と「家庭」はほとんど一体であり，その周りに「地域」が，さらにその周りにより広い「社会」があるという同心円状に広がっていた。そして，社会の基本はあくまでも生活共同体としての地域であり，個人はもちろん，家庭さえも共同体の構成要素にすぎなかった（図7.1.1）。

図7.1.1

(個人 － 家庭) － 地域 ─ 社会（クニ）

　近代社会は，「国家」の位置が社会にとっても個人にとってもきわめて大きくなった時代である。一方，近代は個人（自我）が尊重され，確立された時代でもある。また，産業化のなかで生活の場としての地域の意味が薄くなり，代わって職場（会社）が重要な位置を占めるようになった。そして，教育・学習の場としても，専門的な「学校」が制度として確立されたことにより，地域に依存する割合が低下した（図7.1.2）。

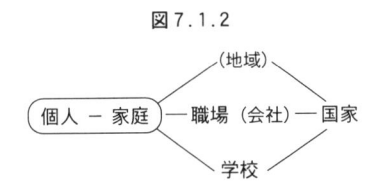

図7.1.2

(個人 － 家庭) ─ 職場（会社）─ 国家
　　　　　　　　　／（地域）＼
　　　　　　　　　＼学校／

　さらに，わが国では昭和30年代以降，経済成長により高度産業・消費社会化が進むなかで，社会全体の変貌が起こり，地域の消滅，家庭の変質が進み，また国家も個人にとってかつてのような意味をもたなくなっている。そして，個人でも大人は会社（職業でなく）にのみ所属する，いわゆるサラリーマン（会社人間）になってゆき，子どもの生きる場は教育の場の学校の占める割合がきわめて大きくなったといえるのではないだろうか（図7.1.3）。

図7.1.3

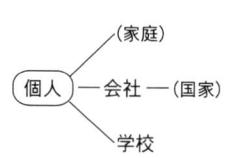

```
          (家庭)
           /
   個人 ― 会社 ―(国家)
           \
           学校
```

　この経緯を，個人に視点をおいた人間関係として要約すると，かつて個人・家庭・地域・社会（国）の直列的な縦の社会関係のなかで家や地域の構成要素として位置づけられていたのが，近代化によって個人と国家が重視されるようになったが，遅れて近代化したわが国では，まず国家が重視されその構成要素としては個人よりも家が重視されていた。それが，第二次世界大戦後になって個人が重視されるようになり，また，国家の代わりのように会社が重視されるようになった。その結果，それまでの反動の意味もあって家庭と地域がおろそかになったということであろう。

　こうした状況にあって，近年，わが国の教育に関してさまざまな問題点が社会全体の問題として指摘され，緊急に取り組まなければならなくなっている。とくに，自立できない，人間関係がうまくつくれずに悩む人々の姿である。これらの問題は，教育の問題ではあっても，単に学校の改革・改善だけでは解決できず，社会全体で取り組まなければならない問題である。こうして，教育のなかでの家庭と地域の役割の再認識の必要性が各方面から叫ばれているのである。

　それでは，（図7.1.3）の形をどのようにしていけばよいのだろうか。ただ単に（図7.1.1）や（図7.1.2）のような昔に返せばよいというものではないし，また，返せるものでもない。自立した「個人」を基本にしながら，共に生きる人間関係がつくれる，新しい社会のありようをつくり上げていくことが必要であろう。

3. 日本人の人間関係

　新しい家庭，地域のための社会のありようを考えるために，日本人の人間関係の特徴をみてみよう。

　河合隼雄によれば，日本社会の心理的特徴は「母性原理が優位」とし，現代の人間関係の混乱について次のように分析している。

　「……現在の日本において，他人とのつき合いが難しく感じられるのは，その基礎となる倫理観に混乱があるためであると思われる。既に論じたように，日本人の人間関係は母性原理優位型である。このため，他人との関係においても，家族モデルが心に描かれ，母親のもとに一体となっている関係が理想とされてきた。これに対して，西洋文化との接触によって，日本人が少しずつ，個の確立 ── 父性原理に基づく生き方 ── に価値をおこうとすると，日本的人間関係は非常にうとましいものと感じられる。そうなると，人々はむしろ，できるだけ他人と関係を持ちたくないと考える。(……)
　しかし，本当のところわれわれが個の確立を願うなら，それぞれに個として確立した人がどのように付き合うか，という課題に取り組まなければならない。ところが，それまでには至らないので，極端に自己中心的で孤立した生き方をすることになる。」(『家族関係を考える』講談社現代新書590，1980，p.160)

　引用が長くなったが，要するに，現代の日本人は，心の基礎の部分で分裂し，アイデンティティを確立できないということであろう。
　個人個人が真に自立できるようにするためには，さまざまな方策が考えられるであろうが，やはりもっとも基本になるのは，生活の場の基礎であり，人間関係の基礎である「家庭」とそれを取り巻く「地域」について考える必要があろう。

第7章　生涯学習時代の「家庭」と「地域」　99

4．新しい「家庭」「地域」の創造を

　図7.1.1のように，人の生活の大部分，すなわち生涯が生活共同体である「地域」のなかに限定されていた時代と異なり，現代では，個人の人間関係は，家庭や地域だけでなく，社会のさまざまな場で結ばれる。その多様な人間関係は，緊密になったり，疎遠になったり，時と場合でさまざまに変化していく。とくに，変化の激しい現代は，人間関係も常に変化する場合が多く，安定した関係を結ぶことは難しくなっている。しかも，関係を結ぶきっかけがなんらかの利害・損得の場合がしばしばあり，信頼感に基づいた人間関係を結ぶことはたやすいことではない。

　こうしたことからも，利害得失からの関係でなく，簡単には変わらない安定した人間関係としての家族関係，それが存在する家庭が，安定した自我の確立のために必要である。成人（大人）でさえもそうなのだから，まして，こどもの場合，人間関係の基本・基礎を形成する場として家庭の重要性は，ますます増しているのではないだろうか。

　ここで新しい家庭・地域のイメージを描いてみよう。

　その「家庭」は，家族の一人ひとりがだれかのための道具としてではなく，全人的に互いを認め合い，接する。各人が長所も短所も含めて接するわけだから，時には衝突や争いもあるだろうが，それも含めて認め合える関係が，全人的な人間関係であろう。それは，夫妻（または父母）などの大人だけでなく，乳幼児から青年までの子どもも含めての家族全員についての人間関係である。

　その家庭のメンバーは，それぞれ独自（または共通）の人間関係を外部の個人や組織・集団ともっている。そのなかの一つとして，とくにこれから重視されなければならないのが，多くの家庭が同じくする生活環境としての「地域」である。この地域は，かつての生活共同体としての地域とは異なるが，しかし，生活のための環境としては，そこに居住している人々にとって，きわめて重要な場である。直接生活が関連しているばかりでなく，教育・学習の場として，

また子どもや大人，高齢者の憩いの場として，さらには景観も含めての環境なども，現代人の生活には欠かすことのできない条件である。地域のメンバーには，居住者だけでなく，働く，学ぶ，憩うなどのために地域とかかわる人々も含まれる。

　これを，河合隼雄の言葉を借りていえば，日本人の本来もっている母性原理を基礎として認めながらも，それと整合性をもたせるかたちで，個人の自立のための父性原理もバランスよく取り入れる。そうした人間関係にそって，家庭や地域をつくっていくということであろう。

　以上の，個人，家庭，地域の関係を模式的に表すと図7.2の通りである。

図7.2

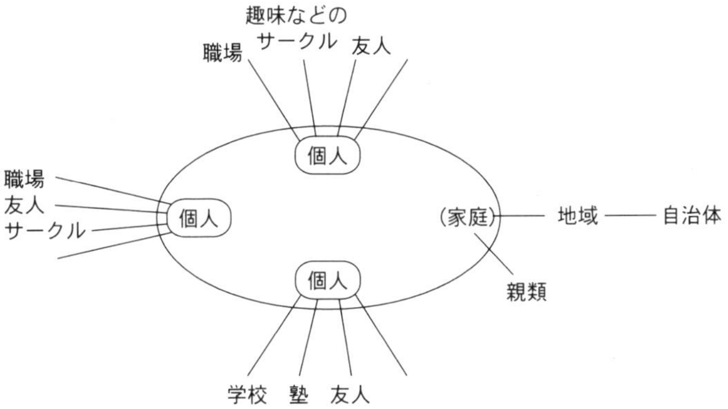

　自立した個人は，家庭で家族と全人的に付き合うとともに，それぞれ家庭外の個人やグループ・組織との人間関係をもつ。職場をはじめ学校，団体などにも家族としてでなく，個人として参加する。

　これに対して，地域との関係は個人としてもあるが，多くは家族ぐるみ，家庭として関係をもつべきであろう。地域の問題の多くはそこで生活する家族全員が関係するからである。たとえば，ゴミ問題でも主婦だけがかかわればよい問題ではなく，子どもを含めて家族全員の問題である。遊び場などの子どもの

生活空間なども同様である。

このような，家庭，地域では，あえて教育といわなくても，人間的接触のなかから，自然に「しつけ」がなされるであろうし，さまざまな行事や活動のなかから，基礎的な教育が行われるのではないだろうか。

家庭や地域が，子どもたちの成長・発達をきちんと受けとめることができれば，学校はその基礎の上にたって自らの役割を果たせるようになるし，果たさなければならなくなる。

最後に，ノーベル賞学者，ティンバーゲンの言葉を引いて，本章の結びとしたい。

「……子どもの精神の全体的な成長に対しては不十分な注意しか払われず，一方，産業の中での将来の適所に子どもをはめるという意味での『社会へ向けての準備』に対してはあまりにも注意が向けられすぎてきたと思う。」
(N＆E. ティンバーゲン著，田口恒夫訳『自閉症・治癒への道－文明社会への動物行動学的アプローチ－』新書館，1987，p.156)

第8章　学歴と生涯学習

はじめに

　近年,「学歴」の評判がきわめてよくない。学歴を頭に冠した「学歴社会」という言葉が,現代の日本社会の負の面についてふれるときの,キーワードのひとつになっている。

　高度経済成長により物質的には豊かにはなったが,その過程で個人,家庭,地域から企業,役所,学校,病院,警察などの官民の各種組織なども,そのありようにゆがみとでもいうべきものが生じ,家庭生活から政治・経済や教育・文化まで社会のあらゆる面で深刻な問題が次々と噴出し,閉鎖状態(ゆきずまり)に陥ってしまったが,適切な対応ができない・見つからない状況が最近のわが国の実態であろう。このような状況をもたらしている原因の一つとして「学歴重視の人物評価」が指摘され,現状を打破する方策として,「学歴社会の是正」が叫ばれた。現在の日本社会のさまざまな問題を改善・改革し解決するための検討,論議する際,「学歴」が克服すべき大きなテーマとして取り上げられている。

　たとえば,神戸の小学生殺害事件(いわゆる「酒鬼薔薇」事件)をきっかけにした現代の子どもの問題を特集した『AERA SPECIAL 子どもがあぶない』(1997.11)で,フリースペース主宰者の水郷星河氏は「子供達はなぜ死に向かうか」の見出しで小・中学生に接してきた経験をもとに,"命より学歴重視の親"として,そうさせている社会を批判している。また,同誌は戦後教育の歴史を振り返り(「戦後日本と子ども」),"受験戦争への投資は効果があるか""中学受験の過熱"とともに"学歴社会の王者東大卒の落とし穴"と,学歴および学歴社会を,現在の状況を生み出した本質的弊害の一つと位置づけている(傍

点筆者)。

　また，別の例として，バブル崩壊直後，ソニーが新しく取り入れた専門職社員採用方式として「学歴不問の採用」が話題になった。これは，当時一般に行われていた，まず出身大学をランク分けしてそれが第一条件になっていた採用手続きを変えて，出身大学名を一切不問にして選考を行う方式だが，この場合，学歴は「受験勝者＝一流大学（学歴）＝一流企業＝幸福な人生」という図式の一部として用いられており，これが企業にとっても望ましいものではない，ということを表明したことで話題になったのであり，学歴にこだわることは職業上の能力や可能性をみるうえでも良くないことだという文脈で用いられている。二つの例をあげたが，学歴は教育の世界の課題として批判的に議論されるばかりでなく，現代日本が克服すべき社会問題としての認識が一般的になっている。

　しかし，あらためて考えると，学歴自体は悪いことばかりではないはずである。それどころか，むしろ国民の多くが"高い学歴"を身につけるのは"近代社会の目標"であり，教育に課せられた使命のひとつであったはずである。それがどうして，"社会の発展を阻害する原因"とみられるばかりでなく"現在の様々な不合理・不公正の象徴"とでもいうようになってしまったのだろうか。学歴は現代では，意味のない，邪魔なもの，否定すべきものなのだろうか。

　以下，学歴について，あらためて見直し，生涯学習時代における学歴の意味，意義と機能，役割を考えてみたい。

1．「学歴」「学歴社会」

(1)　「学歴」の意味

　まずは，辞書にある「学歴」の言葉としての意味を確めてみたい。

　『広辞苑（第五版）』によれば，"学業に関する経歴"とあり，また『日本語大辞典』では"学校へ行って学習した経歴"とし，さらに"educational background 対義 職歴"と解説している。また,『新明解国語辞典（第四版）』では,"その人が,どういう学校を卒業したかの経歴"と説明している。

『広辞苑』の定義は,いま問題になっている「学歴」よりもきわめて広義で,一般的な言葉の説明である。これにたいし,『日本語大辞典』は,「学業」をより具体的に"学校での学習"に限定しているが,続けて説明しているように"職業の経歴に対して教育的経歴"として,卒業にはこだわってはいない。一方,『新明解国語辞典』は"学校を卒業"と限定したうえ,"どういう学校を"とさらに限定して定義している。この解説の違いは「学歴」の社会的意味の歴史的変化を物語っている。"学ぶこと"自体の経歴だったものが,近代になって学校制度が整備されることにより"学校で学ぶ"になり,近代化が進展するに従い"学校を卒業"になり,さらに"どういう学校を"と限定的に変化してきている。すなわち,われわれの目標であった,近代化の進展が学歴のもっている社会的意味を変化させたといえる。

前述の批判の対象になっている学歴は,このもっとも新しい意味合いである『新明解国語辞典』の定義がもっともよく当てはまる。しかし,これらの辞書の意味も,それだけでは,悪い,マイナスの意味もイメージも浮んでこない。むしろ,"学業"や"学校卒業"の経歴は,その人にとって誇るべき,有効な意味をもつし,プラスイメージである。

問題なのは"学歴偏重",すなわち"学歴に重きをおき過ぎる"あるいは"学歴ばかりを尊重する"ことにあり,人々にそうさせている,いわゆる「学歴社会」にあるのだろうか。次に「学歴社会」についてみてみたい。

(2) 「学歴社会」の意味

個人の学歴は古代から何時の時代でも重要視されてきたし,現在でも個人が学歴を重ねることは,決して否定されてはいない。前述のように,批判されているのは個人よりも個人を学歴偏重にさせてしまう"学歴社会"であり,"学歴偏重社会"である。

たとえば，昭和60（1985）年，臨時教育審議会（いわゆる臨教審）の第一次答申は「教育改革の基本的考え方として個性重視の原則を挙げるとともに，当面の具体的改革として，学歴社会の弊害の是正，（……）などについて提言」している[1]。

　この「学歴社会」を早く，批判的に取り上げたのは，イギリスの社会学者R.P.ドーアである。ドーアの書, *The Diploma Disease*（直訳すれば卒業証書病）は，松居弘道により『学歴社会―新しい文明病』と翻訳されて1978年に出版されて話題を呼んだ。そのなかでドーアは，この「学歴病」を近代社会の体質病であるとして，近代化・産業化の進展はこの病理現象を避け難いかたちで生み出すとし，日本はもっとも"先進的"な事例であるとしている[2]。

　しかし，学歴の場合と多少ニュアンスは異なるが，「学歴社会」も本来は前向きの"望ましい社会"として考えられていた。

　たとえば，『新教育学大事典』の「学歴社会」の項をみると，まずはじめに「人々の将来が過去にどのような教育を受けたかによって規定される度合いの高い社会」としたうえで，「個人の将来が生まれた家柄とか身分によって決められる（……）『身分制社会』」と対置して「近代化とともに（……）一人一人の才能，能力，才覚，努力によって社会的地位が規定される傾向が強くなると予想されている」としている[3]。すなわち，以前の身分制度が支配している社会に代わって，個人の学習の結果（獲得した学歴）によってその社会的地位が決まるわけだから，近代的，合理的ということができる。

2．わが国の「学歴」「学歴社会」の変遷

　わが国では，江戸時代の「士農工商」に象徴される「身分制社会」から，明治維新以降，「文明開化」「富国強兵」「四民平等」のスローガンのもと広く人材を登用するために，近代学校制度が整備され，誰でもがその能力と努力によって上級学校への進学の道が開かれ，社会のリーダーとして「出世」する機会

が保障された。こうして，全国民のなかから有能な人材が登用されたが，それを社会的に認知するのが「学歴」であったから「学歴社会」は，日本の近代化の目標であったともいえる。

しかし，実際には，義務教育だった小学校（初等教育）でさえ，家庭の経済的理由などから卒業はおろか満足に通学できないものも多かったし，まして，「最高学府」である「帝国大学」に進めるものは「名士」「名家」の子弟が大部分で，庶民の子弟はよほどの幸運がなければ中学さえ進学できないのが，昭和初期までの現実であった。

この時代には高学歴のものはきわめて少数であり，学歴を基準に社会的地位が規定されることが，社会的差別が残るなかで有効に機能していたし，「(旧制)中卒」「大卒」などの学歴が人々の憧れともなっていたといえよう。やがて，昭和10年代，産業化の進展と，戦争遂行の「国家総動員」のための人材育成の目的で中等，高等教育の普及がはかられ平均学歴も高くなった。

戦後，民主化が進められるなかで，義務教育が9年になり，高校，大学の数が大量に増え，高い学歴への機会が大幅に増加して，学歴のもつ意味が変質した。高学歴の人々の増加は，社会の産業化，経済の成長には欠かせない要件であったが，一方，高度経済成長（所得倍増）のおかげで，多くの人の家計にゆとりができ，子弟の上級学校への進学が可能になった。人々の高学歴化と産業の近代化・高度化（経済成長）とは表裏の関係であり"持ちつ持たれつ"の関係といえる。

こうして，多くの人が一定の学歴をもてるようになると，単に高校，大学で学ぶ（卒業する）だけでは差異化がはかれなくなり，"どの高校（大学）を卒業したか"が問題になる。制度的な，建て前としては"学校による差"はないことになっているが，現実には，大学では旧帝国大学や有名私立大学の「一流・有名大学」と，新設の「二流大学」と差をつけ，高校では大学進学生の多い「進学校」とそれ以外に分けることにはじまり，高校進学率が高くなるに従い，進学校のなかでも一流（有名）校ができてきた。こうなると，大学・学部の専

門性（何の学問の教育・研究をするか）や個々の高校の特性（普通高校，職業高校，教育目標の違いなど）はあまり重視されなくなり，つまるところ，受験産業が作成する"偏差値"によって高校，大学を一律にランク付けするまでになっていった。そして"どの学校に入るか"が親にとっても子どもにとっても最大の関心事になり"受験勉強だけが勉強"となって，近代学校教育制度の目標と大きくずれた状況をもたらした。

　こうした状況は，高度経済成長が成し遂げられ，1970年代の安定成長（成熟社会）時代に社会問題化するまでになるが，当初は学校教育の改革で対応できるとされていた。しかし，前述のドーアの社会学的な綿密な実証的分析などをきっかけに，近代社会のもつ病理現象として批判が強まり，成熟社会を迎えて社会全体の問題として克服されなければならないとされるようになった。

　たとえば，アメリカの社会学者R．コリンズは学歴社会のメカニズムのもとでの教育拡大，その結果としての教育インフレーションは，近代世界の特徴であり，先進国，途上国を問わず，大なり小なり共通した現象であるとし，学歴インフレの結果，雇用主は本来不必要な職務にも高学歴者を求めるような傾向が生じているといっている[4]。

　学歴社会への批判をまとめると，たとえば，『社会学事典』（弘文堂）の「学歴社会」のなかで新堀通也は「……個人を評価し処遇する基準として学歴を重視する社会。学歴獲得の機会には階層別，地域別などの不平等があること，学歴は必ずしも学力や人物を示さないこと，20歳前後に決定される学歴はその後の能力の変動を無視していることなどの不合理に加えて，学歴獲得競争がもたらす各種の弊害……」があることをあげている[5]。

　このような論議のなかで，わが国の教育を根本的に改革しようという臨時教育審議会（以下，臨教審）が昭和59（1984）年に発足し，次々と答申を出したが，その柱の一つとして提案されたのが"生涯学習体系への移行"であった。そこでは「学校中心の考え方からの脱却」とならんで「学歴社会の弊害」の解決を実現へのポイントとしてあげている。そこでは「これ（学歴社会の弊害）は，

今日の教育・学習システムのみならず，社会慣行や人々の行動様式に深く根ざしていることから，長期的視点に立って解決されなければならない」として「学校教育への過度の依存を生み」「人々の生涯にわたる流動的で発展的な成長をはばみ」「生きがいの芽をつむことになる」としたうえ，「企業等の雇用慣行や人事管理の問題および社会全体の風潮等種々の要因があり，社会全体の問題として対応することが必要である」としている[6]。

こうした社会の対応もあって「学歴」「学歴社会」は大きく変質していく。

3．「学歴社会」の変質

(1) バブル時代の学歴

臨教審の答申が出された1980年代は，高度成長の時代を経て，成熟社会として，新しい社会のありよう，人々の生き方を求めて，さまざまな社会問題の解決がめざされたが，しかし，2度の石油危機を克服して日本的企業経営が成功したようにみられた，いわゆるバブル経済の時代である。こうしたことを背景に，人々の「学歴」に対する見方が大きく"変質した"といわれる。

潮木守一は，1990年出版の『新教育学大事典』で「学歴社会の変質」と題して，この時代の学歴観を次のようにまとめている。

「『学歴競争』が貧しさの産物だったとすれば，その歴史的使命は貧しさの消滅とともに消滅する。『豊かな社会』の出現は学歴競争を支えてきた心理的基盤を突き崩しはじめた。今や完全雇用は常態となり，人々は失業の恐怖から解放された」「この超完全雇用の時代には，職業にしろ，所得を得る道にしろいくらでもある。高校を中退しても，大学へ進学しなくとも，所得を得る道はいくらでも残されている。学歴競争に乗らなくても，たとえそこからあぶれても，何ら痛痒を感じる必要がなくなった」として「その上学歴エリートが必ずしも社会的地位の保証にならなくなった」ことから「今日の『生き甲斐追求時代』『レジャー時代』『自己実現の時代』にあっては，『古典的エリート・コース』

は，もはやすべての者の目標とはならなくなった」が「これらの新たな傾向が，いかなる社会を生み出すことになるかは，もう数年の観察を必要とする」と結んでいる[7]。

たしかに，豊かな社会になり，高校への進学率が95％を超え，大学進学率（短大含む）も40％を超えている現在，「高卒」「大卒」だけでは，あまり意味をもたなくなっているともいえる。しかし，潮木のいうように"完全雇用"が主たる要因であろうか。

また，前述のように，企業も「学歴不問」の採用を取り入れたり，実力主義，能力主義の人事評価に切り替えるなど学歴だけで社会的地位が保障される時代ではなくなりつつある。こうしたなかで，女性や，一部のサラリーマンの間で"会社人間"への反省から，資格取得などの自己研鑽，自己能力開発の動きもでてきた。

しかし，「どんな大学を卒業したか」は相変わらず就職などで有利に働くし，若者たちもできることなら「有名大学」に入りたいしそのため「有名高校」に進みたいと思っている者が大部分であろう。

若者たちの間に，学歴に対して距離をおいた，覚めた見方・態度が広がったのは，社会の豊かさ，とりわけ親世代の経済的ゆとりが基本ではあると認めたうえでなおかつ，むしろ「学校歴（どんな学校を卒業したか）」による選別が強いと感じた結果の，あきらめではないかと考えられないだろうか。それは幼児段階からの学歴競争に，生き残れるものはごく少数というふうに現実社会を，見透かしてしまった，ということかもしれない。バブル崩壊後の学歴に対する見方で検証していきたい。

(2) バブル崩壊後の学歴

いわゆるバブルの崩壊後，1990年代の日本経済はゼロ，またはマイナス成長を続け，戦後最悪の状況だといわれている。大学，高校の新卒者の就職状況は"氷河期""超氷河期"などといわれるほど厳しい。そればかりでなく，企

業は組織自身を守るため「リストラ」と称して雇用調整，人員整理を断行しているため中高年層の失業者の増加が著しい。

まさに，潮木のいった"完全雇用"の状況は崩れたわけである。それでは「学歴」に対する意識はどう変化しただろうか。若者を中心にみてみたい。

求人の少なさや就職協定の廃止などの就職状況の厳しさが増すなか，学生の就職活動は加熱の一途をたどっているといえる。インターネットなど就職情報へのアクセスが容易になったこともあり，企業への資料請求を百数十件，数百件する者も珍しくないといわれる。大量のアクセスにとても対応できない企業（いわゆる一流企業）は，まずは，大学名で選別した後に選考を始める。結局「どこの大学を出たかの学歴」がものをいうことになる。

こうしたなか，学生たちのなかに資格の取得や実際の職業に役に立つ能力を身につけるため，高校，大学に通いながら専門学校など別の学校に通う，いわゆるダブルスクールなどの，新しい学歴をつけるものが増えている。これまでの"小中高大"の直線的な「タテの学歴」でも"どの学校"という「ヨコの学歴」でもない新しい学歴が求められているといえる。「タテの学歴」は高校，大学の進学率が高くなって，あまり意味をもたなくなった。また「ヨコの学歴」は学歴競争が精密に確定的につくり上げられてしまったなかで，一部の受験勝者のためだけに有効なものになった。

現代は，臨教審などがめざした"学歴社会の是正"が十分には達成されなかったのは確かである。むしろ，学歴は，相変わらずというかますます社会のすみずみにまで入り込んできているともいえる。

4．生涯学習と学歴

前述のように「学歴社会」は，近代社会が前近代の「身分制社会」からの脱皮のために，上級学校への進学の機会を保障して，人材を広く登用し，社会を活性化するための仕組みであった。だから，高学歴者が増えることが社会の目

標であり，また社会を構成する一人ひとりも高学歴を目標にしたことが，社会の発展の基礎になった。

しかし，近代化，産業化が進展するにつれ，ドーアらがいうように「学歴病」という形で社会病理現象として，社会そのものを蝕むようになった。「生涯学習」は，その病理の解消のための方策として提案された。だから，生涯学習を掛け声（スローガン）だけでなく，実質的なものとしていくためには「学歴」についての，明確な認識が欠かすことのできない，必要なことなのだと思う。

では，生涯学習時代の学歴はどのように考えればよいのだろうか。私は，これまでにも多くの人が言ってきたように，「学校歴」（どの学校を卒業したか）ではなく，「学習歴」（何を学んだか）に変えていくことが重要だが，さらに，"何の目的で学んだか"そして"その結果はどうだったのか"も含めて「学修歴」とでもいうことが重要であると思っている。

すなわち，学習は"何のために（動機，目的），何を（内容）学んだか，その結果はどうだったか（成果）"の一連のプロセス全体を評価しなければならない。学歴は，学習歴であるから，目的，内容，成果を含めたものになる必要がある（これを仮に「学修歴」と呼ぶ）。

学習は，本来，個人的な側面と社会的な側面がある。学修歴も個人が自分の必要のためにのみ用いる場合には，自己評価だけでもよいし，資格のように他者評価をうけても公開する必要はない。しかし，就職などのように社会的に用いる場合には，自己評価だけでは不十分で，他者評価が重視されるのは当然であろう。その場合，学習した内容と結果（何を学んだか，その結果，何をどのくらい身につけたか）は欠かすことのできないものである。これに対して，動機や目的は，他者には関係のないプライバシーという側面が強いし，他者評価する学修歴に含める必要がないように思える。しかし，学習内容や成果は動機・目的と密接に関連している。

たとえば，"海外にショッピング旅行したいので英語を習う"と"英文学を原語で読みたいので英語を習う"と"英語の教師になるため英語を習う"では

同じ英語の学習といっても，学習の内容はもとより，方法，レベル，期間が異なるのはもちろん，まして，学習成果をどのレベルでよしとするかが異なるから，それぞれに適した評価が可能な「学修歴」にする必要がある。この場合，はじめの二つは特別な他者評価は必要ないが，最後の"教師になる"には，社会的影響が強いため，現在と同様，免許が必要であろう。

先にみた，学生の間で資格学習が盛んになっているだけでなく，会社員，勤労者や主婦などにもさまざまな資格を身につけようという動きが盛んである。これは，学校歴（卒業証書）だけでは社会的にあまり意味をなさなくなった場合が多いことが背景にあるであろう。この学校歴よりも学修歴を重視するという傾向は，人が生涯にわたって学習することが社会的にも評価されるという"生涯学習"の理念にも合致することである。

ただし，学校歴も不必要というわけではない。小学校，中学校は生涯学習の基礎を形成するという意味でも重要であるし，高校，大学では教養や専門分野，職業分野などの総合的能力を示すのに有用であろう。ただしそのためには，現在のように入り口（入学試験）を厳しくするのではなく，むしろ，一般にいわれているように，出口（卒業試験）を厳格にしていく必要があろう。さらに，その学歴を社会的に意味のあるものにするためには，現在の相対評価から絶対評価（全国テストなど）にしていくことも重要であると思われる。

とにかく，生涯学習社会でも「学歴」は重要な人物評価の目安の一つであることに変りはないであろうし，ある意味ではますます重要視されるであろう。肝心なのは，その人，個人を評価することであり，学校の名前など個人とは直接関係のないことでの評価を優先しないようにしていくことであろう。

注
(1) 文部省編『平成11年度 我が国の文教施策－進む「教育改革」－』p.20.
(2) R. ドーア著，松居弘道訳『学歴社会－新しい文明病－』岩波書店，1978. (原著，Dore, R. P., *The Diploma Disease*, 1976.)
(3) 『新教育学大事典』第一法規出版，1990. この頃の執筆は溯木守一.

(4) R．コリンズ著，大野雅敏ほか訳『資格社会－教育と階層の歴史社会学－』有信堂高文社，1984．(原著，Collins, R., *The Credential Society*, 1979.)
(5) 見田宗介ほか編『社会学事典』弘文堂，1988．
(6) 文部省編『昭和63年度　我が国の文教施策－生涯学習の新しい展開－』
(7) 前掲(3)

第9章　IT革命と生涯学習

はじめに

　今年（平成14年）1月，奈良市が主催する「IT講習」を受講してみた。前年4月から国の大号令で，全国の自治体が全住民を対象に始めた講習会に，遅まきながら参加したのである。週2回，火曜と金曜の午後6時30分から2時間ずつ6回，計12時間の，入門講習である。受講費用は無料，テキスト代1000円のみというお手軽なものである。会場は，市内のコンピュータの専門学校。講師，アシスタント2名もその専門学校のスタッフであった。

　受講生は20人。男女ほぼ同数。1受講生の立場だったので確認はしていないが，見たところ20，30歳代の人は少なく，50，60歳代が多いようだった。また，夜の教室ということもあって，仕事をもっている人が多いようだった。私の隣の席の，60歳ぐらいの男性は小さい会社を経営しているということだし，前の席の女性2人は（たぶん50歳代）昼間パートをしているということだった。

　この講習は，1990年代のアメリカ経済の好況を支えたのがIT産業だといわれるなかで，平成12年，当時の森内閣が，長い不況を脱出する施策のひとつとして，遅れているIT産業の基盤整備のために，すべての国民にコンピュータに親しんでもらおうと企画し，平成13年の4月から全国の地方自治体が無料で講習会を開いているものである。

　この講習を受講してとくに感じたのは，講師の教え方の手際良さと受講生の熱心さであった。教える内容が，本当の初歩・入門であり，マニュアル化されているといっても，年齢も経歴も多様な受講生に限られた時間内に，一定の内容を，だれにも不満がないように教えるのは，かなりのテクニックと臨機応変

の柔軟性が必要である。この講師たちも，春から何十回も繰り返し教えているなかで，教授力を高めたものと思われる。また，受講生たちも，短期間であったとはいえ，欠席者がほとんどいなかったことでもわかるように，受講態度は真面目で熱心であり，そのモチベーションの高さが印象的だった。この，成人の学習にとって欠かせない要素である，学習動機の高さは，IT，とくにパソコンの，社会・生活両面での急速な普及・浸透を背景とした，人々の興味・関心の高さと，生活上の必要性が高まっていることが原因であるのは容易に想像がつく。

　このところ，ニューヨークの世界貿易センタービルなどへの同時多発テロやそれに続くアフガニスタン戦争などの国際的事件や，国内でも長く続く不況など政治・経済・社会に次々起こる深刻な事件の陰に隠れるかたちで，ITが話題に上ることが少なくなっているが，携帯電話やインターネットを例にあげるまでもなく，ITは社会的にも，個人個人の生活にもより深く入り込み，それを無視しては何も語れない状況になりつつあるのは確かである。

　しかし，この巨大な流れとなっているIT化に対して，われわれは，新しい事態・技術を一生懸命受け入れるだけ，ただその流れに身を任せているだけでいいのだろうか。社会全体がいかに便利に，効率的になっても，その構成員である一人ひとりが幸せな，人間らしい暮らしや人生が送れるようにならなければ無意味ではないのか。IT革命を放置しておくだけではよくないことは確かだが，それでは，IT化という社会的な変革に対して，生涯学習，生涯教育はどう対応していくべきなのか。このことについて考えるため，まず，「このIT化は，人々の生活課題・学習課題にどう関連しているのだろうか」ということについて今こそ真剣に考えるべき時ではないか。以下，若干の考察をしてみたい。

1．IT関連機器の普及状況

　まず，われわれの生活・暮らしのなかでの，IT化（IT革命）の状況を概観したい。21世紀のキーワードといわれたIT（Information Technology＝情報通信技術）は，アメリカのいわゆる「ITバブル」の崩壊でネット産業やパソコン産業が不況になり，その部品を供給していた日本やアジアの半導体産業も不況に陥っており，IT革命が足踏みしているようにもみえる。しかし，日本国内でも世界でも経済・産業面では技術やシステムのIT化・IT革命が急激に進展しており，生活面でもパソコンや携帯電話などのメディアや家庭電化製品などのIT化が進んでいるし，むしろ，ますます加速しているともいえる。

　図9.1は，主なIT関連機器の世帯保有率の推移である。携帯電話（PHS含む，以下同じ），パソコン，ファクシミリの，ここ数年の急激な普及の様子がよくわかる。とくに，携帯電話は，この世帯普及率と，この図にはないが契約数の増加を合わせて考えると急激な増加の様子が一層明らかである。すなわち利用契約数は，1991年に100万台を超えたが95年に1000万台を超え，96年2700万台超，98年5000万台超，そして，2001年秋にはついに7100万台を超えて，ほぼ普及の臨界点に近づいたといわれている。

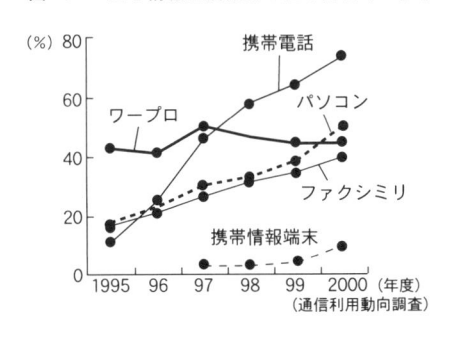

図9.1　主な情報通信機器の世帯保有率の推移

（出典）満江昌吾著『数字で読む日本人2002』自由国民社，2002.

図9.1から読み取れるように，2000年の携帯電話の世帯普及率は8割弱だから，2001年には8割を少し超えたであろうが，これを実数として推計すると，約3600万世帯になる。すなわち，現在のわが国では，3600万世帯が7000万台の携帯電話をもっている（8割以上の家庭で，一家に平均2台の携帯電話）ということである。

　同様に，情報メディア機器を中心とした家庭で所有している生活機器の所有状況を示したのが，図9.2である。（縦軸が世帯普及率，横軸が100世帯当たりの所有台数。データがやや古いので携帯電話とパソコンについては筆者が他の資料から推計した値を入れた）。

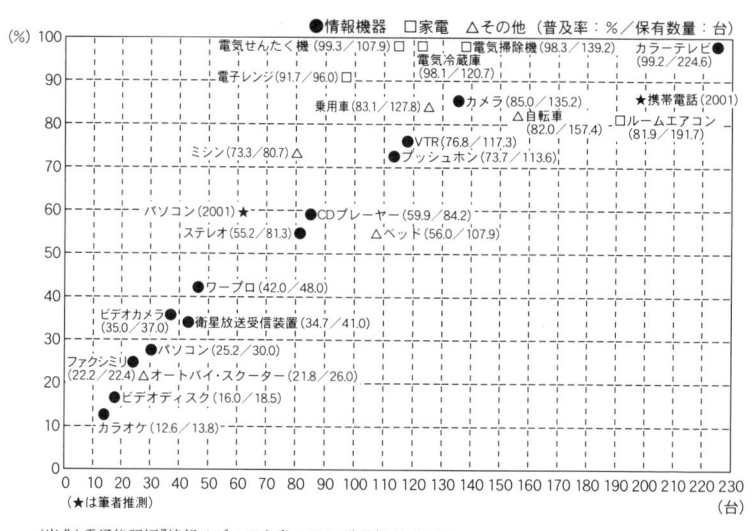

図9.2　情報メディア関連機器の普及率と保有数量分布図（1997）

●情報機器　□家電　△その他（普及率：％／保有数量：台）

電気せんたく機（99.3／107.9）□　　　　　　□電気掃除機（98.3／139.2）　　カラーテレビ●（99.2／224.6）
電気冷蔵庫（98.1／120.7）
電子レンジ（91.7／96.0）□
乗用車（83.1／127.8）△　　●カメラ（85.0／135.2）　　　　★携帯電話（2001）
　　　　　　　　　　　　　△自転車（82.0／157.4）　　　　□ルームエアコン（81.9／191.7）
ミシン（73.3／80.7）△　　●VTR（76.8／117.3）
　　　　　　　　　　　　　●プッシュホン（73.7／113.6）
パソコン（2001）★　●CDプレーヤー（59.9／84.2）
●ステレオ（55.2／81.3）　　△ベッド（56.0／107.9）
●ワープロ（42.0／48.0）
●ビデオカメラ（35.0／37.0）●衛星放送受信装置（34.7／41.0）
●ファクシミリ（22.2／22.4）△オートバイ・スクーター（21.8／26.0）
　　　　　　　　　●パソコン（25.2／30.0）
●ビデオディスク（16.0／18.5）
●カラオケ（12.6／13.8）

（★は筆者推測）　　　　　　　　　　　　　　　　　　　　　　　　　　（台）

（出典）電通総研編『情報メディア白書 1999』電通総研，1998．

　図9.2のグラフでもっとも上にあるもの（すなわち，世帯普及率が100％に近い，ほとんどの家庭にあるもの）は電気洗濯機などの家事のための機器とテレビである。それに次いで普及率が80％を超えているのはカメラ，乗用車，自転車，

エアコンで，次いで高く70％以上のVTR，プッシュホン（家庭用電話機とほぼ同じ。それまではダイヤル式が多かったので1990年代以降普及した押しボタン式を分けて集計していた），ミシンなども含めて，家族そろっての利用が多いものである。

　要するに，世帯普及率が高率のものは，家族用のもの，家庭単位のものである。これに対し，携帯電話は，ほとんどが個人利用であるが，それがこれだけの普及率を示すのは，これがすでに衣服，靴，カバン，アクセサリー，筆記用品など個人個人が持っているもの，個人単位のものになりつつあるのではないかと思われる。

　また，パソコンもこのまま普及が進むと，乗用車やカメラなどと同じくどの家庭にも１台かそれ以上ある，ということになりそうである。そして，パソコンを使ってさまざまな情報をやりとりする「インターネット」は，携帯電話で利用できるようになり（ｉモード，EZwebなど）その利用者数が急増している。すなわち，1997年に571万件だった契約者数が，98年には1000万を超え，2000年1930万になり，01年２月には3200万を超えた。そのうち携帯電話での利用者が1997年には100万以下だったのが，01年には652万人になったという（『インターネット白書2001』による）。

　ということは，テレビが家族単位のものだったものが個室ごとに持つようになって，リビングや食堂にある家族のものと個室にある個人のものとに機能が分けられていったように，パソコンも普及の伸びと，技術革新で携帯電話とその機能が融合していくことで，インターネットやメールなどの利用を中心に，家族利用と個人利用に機能分化がますます進むと思われる。

２．生活面からみたIT化

　IT化が進んでいるのは，情報・通信の技術の世界に限ったことではない。経済・産業の世界で，生産・流通のあらゆる面でIT化が浸透しているのはもちろん，社会のあらゆる面でIT化を背景に，変革が大きく進んでいるが，わ

れわれの生活の面ではどうだろうか。

　1節でみたように情報関連の機器，これまでの電話やテレビに続いて，パソコンや携帯電話がどこの家庭にも，個人利用を含めて普及しつつあるだけでなく，生活のあらゆる面で，IT化がその背景を覆い尽しつつある。

　身近な例をいくつかあげてみる。

○　個人同士や，個人と組織との用件，挨拶などのやりとりで，手紙に代わってメールやファックスが，多く使われるようになってきた。
○　旅行の乗車券や宿泊などを，電話やインターネットで手配・購入することは，今や，かなり通常のこととなっている。
○　何かを調べたいとき（日常の疑問や勉強など）インターネットで調べる。
○　小学校の授業で，インターネットを通じて外国の小学校と，質問し合ったり意見交換したりする。
○　学校卒業予定者が就職活動に，インターネットを使うことは，かなり前から当り前のことになっているが，最近は，ハローワークでの求人・求職も，パソコンを使って行われることが多くなっている。
○　新聞・雑誌やダイレクトメールを通じて商品を購入する，通信販売（いわゆる通販）は，テレビ通販が盛んになったが，最近は，インターネットを通じての販売がかなりの勢いで盛んになりつつある。
○　さらに，最近，インターネット・オークションが急激に広がっているという。普通デパートで扱う商品は30万点といわれているが，インターネット・オークションのサイトでは200万点以上といわれ，手軽さも手伝って若者だけでなく主婦にも"はまってしまう"ものが多いという。むしろ，現在，そのマイナス面・トラブルも多く，法整備も含めルールづくりが急務となっている。
○　法律の整備が急がれているものとしては，一般的とはいえないが，インターネットの「出会い系サイト」といわれるものがある。伝言ダイヤルや

テレクラなどと同じく売春行為の温床になっているばかりでなく，殺人などの犯罪も多発しており大きな社会問題になっている。

まだまだ，あげればきりがないが，これらに，これまであった情報・通信メディア―マスメディアの新聞・雑誌，ラジオ・テレビ，映画・ビデオなどや，個人メディアの手紙・電話・電報など，技術・システムとして，当然，ITが使われているものと合わせると，われわれの生活がいかにIT化されているかわかる。

しかも，以上あげたのは，直接的に情報通信技術（IT）にかかわる事・物であったが，間接的ということになれば，われわれの暮らし・生活のあらゆる事や物が，ほとんどすべてITにかかわっているのである。新幹線や飛行機などの運行，日常の買い物をするスーパーやコンビニの商品管理や販売，購入する商品―工場で生産されるものはもちろん生鮮食品なども生産計画・生産管理・流通などあらゆる面でIT化されている。さらに，住民登録・介護保険など役所との関係も届け出は人対人だがその情報管理は，IT化されているように，関係ないことがないといった方がいいかもしれない。

さらに，家庭に普及している電気機器のほとんどにエレクトロニクス技術が用いられていることから，光ケーブル網の整備など通信回線のブロードバンド化が進むなかで，IT化されていくと予想されている（いわゆるIT家電，ITハウス）。

こうなってくると，「IT化社会」とか「インターネット社会」とかいわれた近未来社会の宣伝予想図―教育も医療も何もかもが便利で良くなる―という社会に近づくのだろうか。

3．IT化社会と生涯学習

IT化が，社会全体を覆い，われわれの生活全般に深く関係してきているなかで，われわれの"生活課題"と"学習課題"はどのように影響をうけるのだ

ろうか。どのように対処したらよいのだろうか。以下，生涯の各発達段階ごとに簡単にみてみたい。

(1) 乳幼児期

　胎児期を含めて，この時期が，後の人生を大きく左右することは，最近の研究でますます明かになってきている。すなわち，子どもにとっては，どのような環境で，どのように育てられるかであり，親（または同様の役割を果たすべき大人，以下同じ）にとっては，どのように育児をするのかが，きわめて重要だということである。もちろん，取り返しがつかないという，いわゆる決定論は言い過ぎで，人間は柔軟性・潜在的可能性があり，取り返しは可能だが，それには多くの時間と細心の対処が必要になるということのようである。

　これまで，赤ちゃんはなにもわからない，白紙のような状態で生まれてくるのだと考えられてきたが，最近，胎児期からすでに，さまざまな能力をもっているということがわかってきている。しかし，この時期は，本人（子ども）は基本的には受け身であり，どう育つかは，親やそれを取り巻く環境にまかされることには変わりがない。

　とくに，生まれてまずもっとも大切なことは，「人間として生まれてきてよかった」という，この世・人生に対しての肯定的感覚（エリクソンのいう基本的信頼）がもちろん無意識ではあるが育ち，定着することだろう。そのためには，まずは「安心感」が必要だろう。それは，何より人との，普通は親，との直接的触れ合い，いわゆるスキンシップやアタッチメントである。それが，周りへの興味・好奇心が育つもとだろう。それがあってはじめて，子どものもつ，能力が生きてくるのではないだろうか。すなわち，医療的場合はともかく，通常の育児ではIT化は，むしろ，できるだけ避けるべきであろう。

　そして，次に幼児期では，周りの人，まずは親だがその他の人，大人や子どもとの関係ができ，さらに草や花，鳥や虫，雨や風などの自然（山川草木）との関係に発展させることが順番であろう。この時期は，遊びや，手伝いを通し

てなるべく自分の周りの環境（人や物）と直接に触れ合う経験が必要と思う。すなわち，この時期にも，IT化されたものなどによる，間接経験は避けるべきであろう。

ただし，親など育てる側では，子どもの環境を安全で快適なものにするために核家族等で，人手が足りない場合などとくに，ある程度のITの活用は必要だろう。もちろん，快適といってもエアコンで四季，夏の暑さ，冬の寒さをまったく感じさせない，ハウス栽培のイチゴのような育て方は，行き過ぎであり，ここでもやはり，その地域の自然環境や風土に合わせるのがよいであろう。

また，最近のように育児ノイローゼや幼児虐待が多くなる状況では，親のためにこそ，IT化の成果を活用して，手軽に相談したり，気分転換・癒しができるようにすべきであろう。

(2) 児童期

この時期も，生活課題，学習課題は，基本的には前の幼児期の延長であり，同様に対処すべきだろう。ただし，子どもの生活空間は，学校への入学などを機に拡大し，人間関係や社会との関係も，年毎に広がって行く。その広がりを，より豊かなものにしていくために，生活や教育の場面でITを活用することは，当然である。

たとえば，学校教育では，現在，小学校5年生はさまざまな産業（農業から工業，商業など）を生活の視点も入れながら学んでいる。この場合，かつては教科書と地図・写真・映画・テレビなどの視聴覚教材と見学などの体験だけで学んでいたが，現在では，インターネットなどのIT化された仕組みを教材として活用することで，グローバル化した産業社会をよりリアルに学ぶことができている。

しかし，この場合でも，かつて視聴覚教育が，農業などについての幼児からの実際経験が基礎にあって，より実質的な効果をあげていたのと同じく，IT化した教授法もその基礎としての，自分の環境での実際の体験・経験が重要で

あるのはいうまでもない。

この点に関して、コロンビア大学教授のジェラルド・カーティスは新聞のコラムで次のように言っている。

「インターネットの全学校への配備など、それ自体は良いことだが」としたうえで「ITはその名の通り、情報の技術であり、コミュニケーションを容易にする。だが同時に、人間をより孤独にしかねない。(……)小学生でEメールのやりとりをして、電話であまり話さない子がいるそうである(……)コンピュータの画面に向かって「会話」するのである。相手の表情を見られない。声も聞こえない。こういう会話が流行すればするほど、人間として失うものは非常に大きいと思う。(……)子供には、何でもスピーディーにやってしまうという教育をすべきではない。大学はともかく、小学校や中学校の教室に、ITをあまり取り入れるべきではない」(『東京新聞』「時代を読む」2001年9月3日付)

前の幼児期で私が述べたのと同じく、要するに、IT化は、子ども本人のために必要なのではなく、それを育て、教育する大人が、より効率的に行うことができるために有効だということである。

家庭でも学校でも、現在のようにIT化された社会では、とくに、必要課題としての学習課題が重要な幼児期・児童期に、親として子どものために考慮すべきことは、ITを取り入れることではなく、むしろ、あえていかにそれから子どもたちを遠ざけて、将来大人として自立するために、この時期に必要なものを身につけさせ、育てられるかであろう。

(3) 思春期・青年期

この時期の、特に前半の思春期は、子どもがさまざまな試行錯誤をかさねながら、一人前の大人へ成長し、自立するための人生の激動と混乱の時期である。悩み、考え、挑戦し、協調し、反発したりするなかで、アイデンティティを確立していく。

そのとき，多くは古いものに反発し，捨て，新しいものに目を向ける。したがって，ITなど新しい技術もこの時期の者がいち早く，必要性よりも，ただこれまでなかったものだから取り入れる。取り入れることで，新しい世界が開け，自分が成長し，人に認められたように感じられるのであろう。それは，成長の一段階として，必要なことであろう。

しかし，気をつけなければならないのは，これまでいくつかの例であげたように，ITも含め，新しいものには，功罪，プラスとマイナス，良い面と危険な面が付きものである点である。人生観，価値観が定まった経験豊かな大人の場合は，社会的にも，自分のためにも慎重に考慮してその利用方法を自主的に判断できるであろうが，この時期では，むしろ新しい，一般と違うということに価値をおくため，危険に対する配慮を軽視ないしはわざとそれに魅力を感じがちである。ITの世界でも，コンピュータのハッカーなど若者に多いし，出会い系サイトで犯罪に巻き込まれることも多くなる。この点を，社会としてどのようにコントロールしたらよいのか，また，学校教育でも社会教育でもこれらに対する判断能力をいかに育てていくのかが課題であろう。

(4) 成人期

成人とは，原則的には，自立した人，一人前，大人ということである。近世までの身分制社会では支配層や特別の技能を要する人々以外の大部分の人々は，変化しない，安定した暮らしがよしとされたが，近代になり社会そのものが常に変化していくなかで，成人も常に変化，成長・発達していくことを求められている。だから，自分自身のライフステージの変化や，社会の変化により，常に新たな生活課題が発生するし，それを解決するために常に新しい学習課題が存在することになる。

IT化もその発達，変革が急激でやむことがないため，生活課題・学習課題も，自分から新しいことを学びたいという動機による課題（要求課題）としても，職業上，生活上の事情で学ぶ課題（必要課題）としても，多様な課題が，

次々と発生することになる。

　これらの課題に対して，どう対処するのか，学ぶのか，学ばないのかは，自分自身にとって必要かどうかはもちろんだが，それだけでなく，周りが勧めるからとか，世間がやっているからとかも含めて，一人ひとりが自主的に判断することになる。

　ただし，IT革命による社会・生活の変化は，"情報"というかたちでこれまでとは比べものにならないくらい，大量に，多様に流通することから，これまでと同様な時間をかけた慎重な判断は，できにくくなってきている。このため，情報の個別の内容や質について多面的な角度から判断するだけでなく，情報がどの様な仕組みでつくり出され，選ばれ，流されているのか，個別の仕組みと，経済的，政治的，世界的な状況までも含めた知識をもつ必要が叫ばれている。いわゆる「メディア・リテラシー」の育成である。これは，当面，成人教育として緊急に実施しなければならないが，将来のことを考えれば，学校教育でもパソコンの操作などよりも優先して，早急に導入する必要がある。

(5) 高齢期

　近代の生涯学習社会にあっては，成人も高齢者も，学習課題に違いはない。成人は，それぞれ個性があり，その生活もそれぞれ多様なのだから，それに応じて自分の学習課題を決定する。高齢も一つの個性であると考えるべきであるということである。とくに，わが国のように保健・衛生や医療が発展し平均寿命が80歳にもなると，通常，高齢期といわれる65歳になっても，まだまだ心身ともに健康で元気な人がほとんどである。平均寿命が50歳前後だった半世紀前と比べると，現在の65歳は当時の40歳代半ばといってもいい。

　ただし，人によりかなり差はあるが，いくら元気といっても身体の機能の衰えは，急激に訪れる。これを，ITが補うことは，おおいに期待される。それは，高齢者本人はもちろんだが，介護する側にとっては非常に有効であろう。本人と介護者の双方にとって，これの有効性をきちんと認識し，活用するよう

に学習することは重要であろう。

　ここで一番重要なのは，高齢者のその長い人生経験に対しての尊敬の念を周囲がもつことであろう。高齢者は，多少，心身の衰えがあってもその存在を周囲が認め，尊厳をもって暮らせれば，生きがいをもって，幸せな人生の終末を迎えられるということである。キンさん，ギンさんが，社会の注目を集めるようになってますます元気になり「幸せだ」と言っていたようにである。

　アメリカ・ケンタッキー州のメアリー修道女は，100歳を過ぎても立派な社会活動を続け，尊敬されて102歳で亡くなったが，その脳はさぞかし衰えていないのではと，解剖したところ，普通の100歳と同様，萎縮していたということである。すなわち，脳は，その量ではなく使い方であり，たとえ萎縮しても使い方で立派な生活が送れるということである[1]。

　高齢者にとって，慣れないIT化された生活も，「どうしてできないのか」とか「どうせわからないだろう」，ではなく，できる限り自立できるようにするのに有効だということがわかれば，けっして受け入れられないものではないであろう。

　以上，簡単に，IT化された生活のなかでの生涯各期の生活課題と学習課題をみてきた。人生のすべての段階，場面でIT化による影響があるが，重要なことは，たとえ社会状況や生活状況が変わろうとも「人生の主人公は人間であり自分である」という原点さえ忘れなければ，柔軟に対応できるということであろう。

おわりに

　最近，新聞の生活欄の投書で，大変，感心したものがあった。大阪府の36歳の主婦の「見破られた」という見出しの投書だが，主人が出張の日に，夕食を出来合いで済まそうと，惣菜をスーパーで買ってきた，という。以下，原文のまま紹介する[2]。

すぐに子供が「おなかすいた」と帰ってきたので、「もうできてるよ」とお皿に盛りつけながら食卓に並べた。すると５歳の息子が「何これ。こんなんやったらいらん」と言う。おいしそうなハンバーグもあるのに。
　「なんで，おいしいよ。さあ食べよう」と言ったが，息子は突然ポロポロと涙を流し「適当に作らんといて」と言う。どうして買ってきたものを並べただけとわかったか不明だが，私はショックだった。手は抜いたものの，きちんと栄養を考えて７，８種類のお惣菜を並べているのに，息子には味気なく感じられたのだ。上の娘は気を使って「おいしいよ」と言ってくれたが，私は白状して子供にあやまった。でも息子は朝作った雑炊の残りを食べただけで「もういい」と泣き続けた。

　として「深く反省した。」と結んでいる。
　細かい状況に，多少の脚色があるかもしれないが，この家庭はたいへん素晴らしいと感じた。お母さんも，二人の子どもも素直によく育っているようだ。栄養も，美味しさも，便利さも大切ではあるが，子どもにとって何より大切なものは，お母さんの手づくりの料理であり，食事は，単に食べ物を摂取することではなく，家族の愛情をはぐくみ，確認する場面だということを，誰よりもこの息子さんは感じていることの証であろう。それを無意識に，子どもたちに実感させている，家族，家庭が素晴らしいのだ。
　このことはなにも，家族の食事の問題に限ったことではない。何のために暮らしをIT化するのか，何のために社会を変革していくのか，人間が，生き，生活していくうえでなにがもっとも重要なのかを，しっかりと認識しておくことが，もっとも肝要な点であろう。
　生涯学習にとっても，IT化による生活の変化は，学習課題にもさまざまな影響があることは間違ないが，それはあくまでも，われわれの生活，人生をより良く，豊かにするための手段であって，真の目的と主人公を忘れずに，賢く選択，判断していくことが大切であろう。

はじめに触れた「IT講習」だが，そこで私が感じた一番の点は，職業上は，必要になることはやむをえないが，個人的な日常生活では，とくには必要ではないし，むしろ，あえて利用しないでおくことの大切さを，改めて確認したことであった。私は，多少不便でも，手紙を書き，新聞や雑誌，本を読み，絵は筆で描き，野山や街を歩き回り，人に会って話を聞くというような暮らしの良さをこれからも味わいたいからである。

注
(1) 東京都多摩老人医療センター院長・林泰史氏「健康ライフ・心の老化を防ぐ」より（2002年2月8日放送，NHKラジオ第一）。
(2) 『産経新聞（関西版）』「きのう　きょう」2002年2月16日付

参考文献
溝江昌吾『数字で読む日本人 2002』自由国民社，2002.
電通総研編『情報メディア白書 1999』電通総研，1998.

第10章　生涯学習施設の立地条件

はじめに

　わが国には，各地にさまざまな「公共施設」がある。市役所などだけでなく学校や公民館，美術館など生涯学習に関連した施設のほとんども公共施設である。ところが，これらの施設の多くはあまり利用の便の良いところには位置していない。というより，不便なところにある場合のほうが多いといってよいだろう。

　たとえば，奈良県の場合，県立の文化会館，美術館などは，県庁のすぐ裏にあるが，ここは奈良県の地図を開けばすぐわかるように，県のもっとも北の外れに位置しており，あと2〜3キロで京都府というところにある。たしかにそこは，奈良公園のなかにあり環境は素晴らしい。また，近鉄奈良駅も近く，大阪や京都から訪ねる人にとっては，比較的アクセスしやすいと感じるだろう。しかし，大部分の奈良県民にとっては，県内の一番はずれまで行かなければならないということである。また，県の西のはずれの新庄町にある県立社会教育センターや，大和郡山市にある県立民俗博物館なども，自然豊かな環境だが，運転本数の少ないバス便しかないきわめて不便なところにある。

　このような例はなにも奈良県だけではない。全国の都道府県どこでもだし，また，市町村の施設も，多くは同様である。

　「何時でも，誰でも，何処でも」という，生涯学習のスローガンを持ち出すまでもなく，公共＝多くの人々のため，というのなら「公共施設」を利用しやすい場所に設置するのが当然ではないのか。わが国の現状が，必ずしもそうなっていないのは，なぜなのだろうか。本章では，生涯学習施設を中心に「公共施設」の立地の現状を考え，今後の立地の考え方を提言したい。

1. 公共施設の立地

　「公共施設」といわれるものにもさまざまなものがある。県庁や市町村役場などの"自治・行政施設"，病院や老人ホームなどの"医療・福祉施設"，体育館や公園などの"健康・スポーツ施設"，学校や美術館，公民館などの"教育・文化施設"，道路や鉄道，駅や港市場などの"交通・物流施設"，"ライフライン"と呼ばれる電気，ガス，水道，下水，電話など。これらは，いずれも多くの人々が利用するもので，人々が生活するうえでなくてはならないものである。このほか，多くの人が利用するわけではないが，社会にとって必要なもの，ダム，発電所，研究所，気象台等々もある。

　「公共施設」とは「多くの人々が利用する，または社会にとって必要で欠かせない施設」といえる。

　ところで，多くの人々が利用する施設ということからいえば，デパートや銀行，食堂などの商店，パチンコ屋などの，いわゆる"商業施設"も公共性はもっている。しかし，これらは普通「公共施設」とは呼ばれない。すなわち，単に多くの人々に利用される施設というだけでは「公共施設」とは呼ばれない。「公共施設」と呼ばれるのは，その施設が「公共の目的で設置されたもの」で，企業や個人の利益のために設置されたものではないということであろう。

　すなわち，「公共施設」は，設置の主体が「公」にあることが多いが，そのため，立地を考える際にも「公」が優先し，「利用者」は二の次になっているということである。

　こう考えると，はじめにあげた各種の「公共施設」が，必ずしも利用しやすいところに立地していない理由がよく理解できる。

　都道府県や市町村は，現在は「自治体」と呼ばれているが，それがスタートした明治以来長く，「地方行政団体」であった。すなわち中央（国）の政治支配を，国の隅々まで行きわたらせ，徹底するための機構・組織であった。公共施設のほとんどはその機構・組織のためのものであるから，明治以来長い間，

中央（公）の都合のよいところに建てられた。また，国民もそれらの施設は，「お上」の威光・威厳を示す立派なものであるべきだと感じていて，利用の便という視点はほとんど考え浮かばなかったと思われる。

戦後，国民が政治の主人公になったが，経済成長が第一の時代は，相変わらず上からの指導で社会が動いていたため，「公共」もまだ上からのイメージが残っていた。「公共の主人公は国民であり，公共施設は利用者本位であるべきだ」という考えは，ほんの最近一般化してきたものである。

わが国の「公共施設」もその多くが，明治・大正・昭和40年代までの近代化第一，経済成長第一の時代に「お上意識」のもとに造られたため，市民＝利用するものの側に立った立地になっていなかったのである。

わが国でも，昭和50年代になって，ようやく「行政もサービスの視点を持たなければならない」ということが一部の者だけでなく，行政の側からも言われるようになり，「行政サービス」とか「公共サービス」などの言葉が使われるようになってきた。これは，国民主権がようやく実際の生活の場で定着してきたともいえるが，一方，福祉の分野に典型的に表れているように，国民の「生活意識」が，物重視＝「量」重視から「質」重視に変化してきたのに，行政側も対応せざるをえなくなったともいえよう。

そして，行政は「仕事のやり方」だけでなく，「施設のありよう」を変化させなければならないということにつながった。すなわち，「公共施設」の管理・運営（サービス窓口や開館時間などいわゆるソフト）の改善だけでなく，施設をどの場所につくるかを含めてのハード面での改革－発想の転換＝立地の見直しになってきた。利用者の立場に立った「サービスという視点」での立地を考えることが必要だということである。このとき参考になるのは，当然，国民がこれまで日常的に経験してきた「民間のサービス」であった。

国語辞典で「サービス」を引くと，「（無料）奉仕，客が満足するような心のこもった応対をすること，（商店などで）値段を安くしたり景品を添えたりして売ること，……」（『新明解国語辞典（第4版）』）とあるように，一般に「サービ

ス」というと，商売，商業関係で使われることが多かった。たしかに，昔から利用者中心に仕事をするのは，商売，商業であったから，「サービス」という言葉が，商業の場面で多く使われるようになったのも納得できることである。そこで，「公共サービスの立場からの立地」を考える手がかりとして，まず「商業・商店の立地」について，簡単にみてみたい。

2．商業・商店の立地

　昔から町の中心は，商店街である。店が立ち並び，人々が行き交う，いわゆる繁華街がその地域の中心である。それはどういう場所か。
　一言でいえば，多くの人々が行きやすい，集まりやすいところである。それは，交通手段によって，違ってくるが，いずれにしても交通の接点，結節点すなわち「交通の要衝」である。
　江戸時代までのように，交通手段が徒歩中心の時代には，城下町，門前町，港町，宿場町などの町が地域の中心であり，その中心地が繁華街であった時代と，現代のように鉄道や自動車ができて交通手段が多様になり，人々の移動が，頻繁に，しかも遠距離になった時代ではその場所も違ってくるのは当然である。また，現代は人々の生活様式（ライフスタイル）が多様になり，交通・移動の仕方も多様になった。それは，一人ひとり違うだけでなく，同じ人でも時と場合によって多様な交通手段を使って移動するということであり，必然的に，交通の要衝もさまざまになり，繁華街も多様になってきている。
　たとえば，東京を例にとると，初期の日本橋，神田など江戸時代からの街だけから，銀座など近代化した都市の新しい繁華街が登場したが，やがて鉄道の発展で丸ノ内，新宿，渋谷などの駅周辺の繁華街が出現し，これらターミナルは大正期以後の郊外への都市域の拡大と郊外電車の発展で，このころ増大したサラリーマン（勤め人）とその家族の生活（通勤通学，買い物，娯楽など）の場＝交通の要衝になった。さらに戦後の経済成長をへて郊外住宅地が発展すると柏，

大宮，八王子，藤沢など30～50キロ圏に大型スーパーなどを中心にした新しい中心街ができる。これに加えて，「クルマ（自動車）の時代」を迎えると，国道1号，246，甲州街道などの主要な道路沿いにガソリンスタンド，修理工場など自動車関係の店や駐車場を備えたドライバー相手の店が立ち並ぶ新しい形の街道町ができ，さらに田園の真ん中に駐車スペースをもった，巨大な商業施設を集めた「パワーセンター」などの新しい商業立地も出現している。

こうみてくると，商業・商店の立地は，それぞれの時代の交通・移動手段の発達により異なるが，人々が集まりやすい，行きやすい場所に発達してきた。言い換えると「消費者（お客様）本位の立地」に必然的になってきたということである。すなわち，「サービスの視点にたった立地」ということであり，それは「交通，利用の便のよいところ」ということであろう。

3．これまでの教育・文化施設の立地

「はじめに」でも触れたように，これまでの生涯学習に関連した施設（教育文化施設）は，他の「公共施設」の例にもれず，というよりより典型的に，利用者（学習者）の都合＝便は考えられていなかったと思われる。

明治時代，わが国ではじめに広く設置された教育・文化施設は「学校」であった。明治5（1872）年の「学制」で「……邑に不学の戸なく家に不学の人なからしめん事を期す……」ということで，全国の町や村に小学校がつくられた。この場合，はじめは寺子屋などを活用する例が多かったが，やがて，広い校庭を備えた立派な建物が地域の外れに人々の協力で建てられた。また旧制の中学校は，県庁所在地をはじめ主要な都市の，役所などに隣接した，いわゆる官庁街の一角に建てられる場合が多かったが，多くの場合，そこは旧城下町で学校も，大和郡山にある"県立郡山高校（旧郡山中学）"のように，昔の城跡にあることが多かった。

戦後義務教育期間が9年の新しい学制になったが，経済成長以後，新制高校

進学者が急増する。必然的に各地で高校の新設があったが，その立地は，大規模開発のニュータウンに建てられる場合もあったが，多くは町から離れた地価の安い丘の上とか田園の真中であった。たとえば，奈良県の場合，前者としては香芝高校や平城高校であり，後者としては耳成高校や橿原高校などである。
　一方，社会教育関係の施設は，「公民館」は，かつての集落の集会所などをもとに，戦後ほとんどの町や村につくられたが，その立地はその歴史からして集落の中心など人々の集まりやすいところだった。しかし，それ以外の「図書館」や「博物館」は「美術館」「動物園」なども含め，全国的に数が極めて少なかったこともあって，東京，大阪をはじめとする大都市の官庁街の一角につくられる場合がほとんどだった。
　それが，経済成長が進むに従い，県庁など「行政施設」に続いて，これらの社会教育施設や「中央公民館」，「文化ホール」などが，各県に一つずつつくられ，やがて，各市や大きな町にもそれらの施設が次々とつくられて，「箱もの行政」と批判されるまでになる。これらの，新しい施設の立地は，町の中心街かまたは郊外につくられることが多い。さらに，「はじめに」でもあげたように，「奈良県立社会教育センター」（新庄町）や「県立民俗博物館」（大和郡山市）などのように，"人里離れた"所につくられる例も多い。もちろん，「県立野外活動センター」（都祁村）のようにその施設の性格から山の中につくられるものもある。
　以上の，これまでの「教育・文化施設」の立地をまとめてみると，小学校や公民館のように，だれもが日常的に利用する伝統を継承した施設は，"身近な所"に建てられているが，それ以外の施設は利用者の便はあまり考慮されていないといえる。かつて，施設が希少だった時代は大都市の官庁街につくられたし，地価が上昇してからは，郊外や山の中の地価の安いところにつくられている。
　すなわち，「教育・文化施設」も，つい最近までは，人々が日常的に必要で全国に数万つくられた小学校や公民館以外は，ほかの公共施設の例にもれず，1節でみたように，長い間「公（お上）」の視点（都合）でつくられ，利用者＝

市民サービスの視点は低かったということであろう。

4．生涯学習施設の立地

　以上，みてきたように，これまでの教育・文化施設のつくられ方は，「生涯学習－生涯教育」の考え方を基準にしてはいなかったといえる。市民一人ひとりが自立した個人として自ら選んだ学習を自ら選んだ方法で行うのが「生涯学習」であり，それが可能なようにさまざまな支援（サービス）を行うのが「生涯教育」である，ということからすれば，支援（サービス）の拠点としての「施設」は，当然，「学習者＝利用者＝市民」を支援することを第一に設置され，運営されなければならない。

　この「サービス拠点の設置」というのは，2節で述べたように，「人々が集まりやすい，行きやすい」＝「交通の便のよい所」に設置するということが基本になる。「生涯学習施設」の立地も，だから，「商店街の中心近くやターミナル駅の周辺に」ということになる。

　要するに，公的な「生涯学習施設」でも，「サービスの拠点」ならば，デパートや銀行と同じように，また，民間のカルチャーセンターや進学予備校のように，駅前や繁華街につくるべきだということである。

　ただし，ここで，はっきりしておかなければならない点が二つある。それは「場所」と「建物」に関してである。何がなんでも，駅前や繁華街に，大きく立派な建物を造ればよい，ということではない。

　まず，一つ目の「場所」については，一口に「生涯学習施設」といっても，その施設の性格，目的，機能などによってその立地場所の適地は異なるという，言ってみれば当たり前のことである。国立博物館や県立美術館，県文化ホールなどの，より広い範囲の多くの人に利用してもらうという施設ならば，県内のどこからでも同じような時間で行けるという，交通の便が優先される。しかし，先にもあげたが県野外活動センターのように，自然の体験を目的にする施設な

らば，山，川，池，森等の自然環境とその組み合わせ，および活動に十分な広さが優先され，交通の便は二の次になる。また，図書館のように，子どもから高齢者までさまざまな人に，朝から夜まで長時間にわたって利用してもらう施設ならば，鉄道やバスなどの公共交通機関の便とともに，自動車利用者のための駐車場も備えるという条件を備えた立地が望ましい。

　要するに，その学習施設の目的，機能によって立地も大きく分ければ，①利便性を重視するか，②環境を重視するかの，二つに分けられる。もちろんどんな施設もどちらか一方ということはなく，「どちらかというと利便性」「どちらかといえば環境」ということであり，なかには「どちらも」ということもあろう。だから，環境を選んで山の中に造った施設（たとえば野外活動センター）でも，民間のゴルフ場がやっているように，送迎バスを運行するなどの利便性への配慮が重要である。

　次に，考慮すべき点の二つ目の「建物」だが，これも施設の目的，機能によって，その規模，内容はもちろん管理・運営（開館時間，スタッフの数や専門性など）についても，かなり柔軟な発想で設置すべきだということである。たとえば，学習施設ではないが，奈良市の交通の要衝である西大寺駅の近くの複合商業施設「奈良ファミリー」のなかに，県のパスポートの窓口と，市の住民登録票，印鑑登録票の交付窓口がつくられ，それぞれ数人のスタッフで運営している。業務がコンピュータ化されると窓口業務は，端末機器さえ置けばどこでもできるので，市民サービスということで交通の便のよいところに開設したのであろう。このように，業務がコンピュータ化されたこんにち，窓口サービスならば独立した建物も大勢のスタッフもいらないのである。

　生涯学習の支援の柱の一つである「学習情報の提供」も，どこでもコンピュータ化されているのだから，端末を交通の便のよいところに置けば，ホストコンピュータはどんな山のなかにあってもよいわけである。ただしこの場合，学習支援（サービス）ということからいえば，端末だけ置けばいいというわけにはいかず，学習相談のためのスタッフが常駐して，多様な学習者の，多様な相

談に対応するようにしておくことが肝要である。

　以上2点を踏まえて，奈良県の現状に照らして改善の提案をすると，たとえば，大和八木，西大寺，王子などの鉄道ターミナル（交通の要点）の駅ビル，または近くのビルのワンフロアーに県（市や国が入ってもいいが）の『生涯学習拠点』を設置してはどうだろう。そこには，2～3の研修・講義室，小さなホール，情報・相談コーナーなどを設け，数名の学習リーダー（専任職員）と学習ボランティアがサービスに当たる。そして，そこでは，県内のさまざまな生涯学習に関連する機関が主催する研修会，講演会や展覧会，展示会，演奏会などを開く。それらは，場所柄からして，規模は小さくてもいいから多様な人々が気軽に利用できるという内容，趣旨で企画したものであり，時間も朝，昼，夕方，夜と多様にし，もちろん土曜，日曜も開く。言ってみれば，「文化スーパー」「コンビニ学習センター」とでもいう施設である。

　一方，既存の各施設はその特徴（機能や立地）を生かした活用をしていく。たとえば「県立社会教育センター」では，泊まりがけの研修，講習や特定の団体グループの利用を中心にしていったらどうだろう。また，「県立民俗博物館」の展示に合わせて，ターミナル拠点では，関連した講演会やミニ展示をする，といった連携が重要になる。別の言い方をすれば，ターミナル拠点は，商店でいえば「ショーウインドー」や「カタログ」「試食」「出前」などの役割も期待できるわけであり，既存の施設は，そこで学習への興味・関心をもった人々に，本格的なサービス（支援）ができる施設になるだろう。

　以上をまとめると，"生涯学習施設の立地は，利用者の立場にたったサービスを基本にした「適材（施設）適所」という視点で，柔軟な発想が求められている"ということである。

おわりに

　筆者は，拙著『生涯学習概説』（学文社，1997年）のなかの「生涯学習施設と地域」（p.180～）で，生涯学習施設について，「施設の果たすべき機能」と「住

民の生活圏の広さ」とをマトリックスにしてバランスの取れた配置が必要ではないかと提案した（下表参照）。

表10.1　地域と生涯学習施設（地域・機能・施設の関係）

機能＼地域	身体の維持・発達（健康）	知性の形成・発達（教養）	職業・生活の利便	文化の理解・創造（文化・芸術）	社会生活の発展（地域づくり）
徒歩圏 近隣 (Neighbor)	遊び場 広場 プロムナード	市民(私)文庫 街角ライブラリー ＜幼稚園＞		＜小集会所＞	広場 保育所
町内 地区	（体育室） 球技場, ジョギング・サイクリング道路, プール	＜地（学習室）（図書室） ＜小学校＞ ＜中学校＞	区　公　民 （実技・実習室） （民間）の塾・クラブ）	館＞ （ホール・実技室）	（集会室）
市町村域	スポーツセンター 室内プール キャンプ場	図書館 中央公民館 ＜高校＞	市民センター ＜消費生活センター＞	文化ホール 美術館 展示場	コミュニティセンター ＜青少年センター＞ ＜老人福祉センター＞
ブロック（郡域）県　域	総合スポーツセンター （民間カルチャーセンター	＜生涯 博物館 ・スポーツクラブ） ＜大学・短大＞	学習（文化情報）情 ＜職業訓練所＞	報センター＞ 音楽ホール, 劇場 専門博物館	
地方圏		総　合　・　専	門　諸　施　設		
全国・世界					

（出典）大串兎紀夫『生涯学習概説』学文社, 1997, より

　今回の提案は，この配置をより具体的に考えるためのものであり，実際の施設づくりは，この両者を総合して，利用者としての学習者の立場からの望ましい「生涯学習施設」の立地を考え，決めていかなければならない。またここでは，天理大学が所在する奈良県の施設を主として例にあげて考察した。このため，「徒歩圏，近隣」「町内・地区」「市町村域」での配置や立地にはほとんど触れていないが，考え方の基本は同じことであり，それぞれの地域・住民の特性（個性）とより広い地域のなかでの配置の適正とバランス，そして利用の便利さを中心に検討すべきである。その参考になるのが，商業・サービス業の配置，立地であるが，その際，商業と学習との違いを明確にしておくことが重要なのはいうまでもないことである。

第11章　大学生の人生段階意識
― 発達段階アンケートから ―

はじめに

「近頃の若者は……」という，成人から青年への批判的な言い方は，洋の東西を問わず，古代から常に繰り返しいわれてきたという。ここ数十年をみても，1960年代以降「団塊の世代」論や「三無主義」から「モラトリアム」「ピーターパン症候群」「アパシー」，そして「新人類」「浮遊する若者」などなど，多様な若者に関する言説が，マスコミでばかりでなく学術的な若者論として論じられている。また，このような前の世代から後の世代に対する，批判的な言い方に対して，当の若者世代はもちろん成人世代を含めて，学者・評論家などからさまざまな反論・異論がなされているのは，当然のことである。

このことについて，若者たち自身はどう受けとめているのだろうか。同世代については，どう感じているのだろうか。また，自分自身については，どうなのだろうか。

「若者」とひとくくりにして，ある世代全体を決めつけるのは，安易であり，乱暴である。どんな世代・年齢の人でも，一人ひとり違っており，個性をもった独立した存在である。だから，各個人が自分自身を，どのように思っているか，意識しているか，自己認識しているかは，それこそ百人百様，千差万別なのは当然である。自分の性格や感性，能力や精神的発達状態，社会適応能力などの，認識の内容について多様であるばかりでなく，いつも自分のことを意識している人もいれば，あまり気にしないで過ごしている人もいるように，認識の仕方・程度なども多様である。

この多様な若者の自己認識を知る一つの手がかりとして，私が担当している

授業の受講生に，自分の人生段階（ライフステージ）についての簡単なアンケート調査を試みたので，その結果を以下に報告する。

1．調査の概要

この調査は，大学の授業のなかで，E. H. エリクソンの「心理社会的人生段階」（図11.1参照）を用いて，人の発達段階（生涯発達）の考え方を解説した後，受講生に対し「自分自身の人生段階」と「発達は順調だったか」についてたずねたものである。

図11.1　心理社会的人生段階

老年期								統合 対 絶望 英知
成年期							生殖性 対 自己没入 世話	
成年前期						親密性 対 孤独 愛		
思春期					アイデンティティ 対 混乱 忠誠			
学童期				勤勉性 対 劣等感 才能				
遊戯期			自発性 対 罪悪感 決意					
児童初期		自律 対 恥と疑惑 意志						
幼児期	基本的信頼 対 基本的不振 希望							

（出典）エリクソンほか著，朝長正徳他訳『老年期』みすず書房，1990，より。

〈調査の概要〉

対　象　近畿圏私立大学（文系）2年生163人（男75，女88）
時　期　平成9（1997）年10月
方　法　授業出席者に用紙を配り，黒板に書いた質問に答えてもらう（氏名も記入）
　　　　内容
　　　　問1　自分はどの人生段階にあると思うか，
　　　　問2　幼児期からこれまで順調に発達したと思うか，またその理由は

2．調査の結果

　問1の"自分はいまどの人生段階か"についての回答は，表11.1の通り，男女を合わせた全体では，「思春期」が34％でもっとも多く，ついで「成年前期」が31％で，いずれもおよそ3分の1ずつであった。また「思春期と成年前期の間（二つの過渡期，両方が混ざっている，など多様な表現をまとめた）」も29％あり，「学童期」と答えたものもわずかだがいた。要するに，自分は「思春期」「成年前期」「両方の間」の段階にあると思っている者が，3分の1ずついる。

　男女別にみると，男性では「成年前期」が4割近くなのに対し「両方の間」は21％である。一方，女性では，「思春期」が4割近いのに対し「成年前期」が24％で，男性の方が「大人」と自覚しているものが多い。しかし，"まだ「学童期」だ"と思っている者も男性に多い。

　なお「学童期」と答えた者の理由をみると，"これまでずっと受験勉強など，

表11.1 「自分はいまどの人生段階か」

（％）

	学童期	思春期	思春期と成年前期の間	成年前期	わからないD.K.
全　体（n=163）	3.1	33.7	28.8	30.7	3.7
男　　（n= 75）	5.3	28.0	21.3	38.7	6.7
女　　（n= 88）	1.1	38.6	35.2	23.9	1.1

受け身（親などからの）に生きてきた"や"思春期の悩みなどまだ無い"というものであった。

問2 "幼児期からこれまで，順調に発達したと思うか"についての回答は，表11.2の通りである。

表11.2 「順調に発達したと思うか」

(%)

	順 調	つまずいた	どちらともいえない	D.K.
全 体 ($n=163$)	66.9	22.1	8.6	2.5
男 ($n= 75$)	65.3	21.3	10.7	2.7
女 ($n= 88$)	68.2	22.7	6.8	2.3

まず，全体では「順調」に発達した（だいたい順調，一応順調など含む）と思っているものが67％でほぼ3分の2，「つまずいた」と感じているものが22％，「どちらともいえない（よくわからないも含む）」が9％であった。

男女で比較すると，女性で「順調」がやや多く，「どちらともいえない」は男性のほうが多かったが，およそでいえば「順調」が3分の2，「つまずいた」が20％強で，男女間に差がないといえる。

次に，問1と問2のクロス集計の結異が，表11.3.1（全体），および，表11.3.2（男性），11.3.3（女性）である。

表11.3.1 「人生段階」×「発達」（全体）

(%)

	順 調	つまずいた	どちらともいえない	D.K.
学童期 ($n= 5$)	80.0	20.0	—	—
思春期 ($n=55$)	67.3	25.5	7.3	—
間 ($n=47$)	66.0	14.9	12.8	6.4
成年前期 ($n=50$)	66.0	24.0	8.0	2.0
わからない ($n= 6$)	66.6	33.3	—	—

まず，全体についてみると，人生段階が「思春期」「成年前期」「両方の間」と思っている者は，いずれも「順調に発達した」と感じている者が3分の2であった。一方，「つまずいた」と思っているのは，「思春期」と「成年前期」では4分の1だが，「両方の間」では15％と「思春期」「成年前期」と比べて少ないかわりに「どちらともいえない」が多くなっている。なお，「まだ学童期だ」と答えたもの5人のうち4人は「順調に発達した」と答えている。（表11.3.1）。

次に，「思春期」「成年前期」「両方の間」について，男女別にみてみる（表11.3.2，11.3.3）。

表11.3.2 「人生段階」×「発達」（男）

(%)

	順調	つまずいた	どちらともいえない	D.K.
思春期　($n=21$)	61.9	28.6	9.5	―
間　　　($n=16$)	68.8	―	25.0	6.3
成年前期（$n=29$）	65.5	24.1	6.9	3.4

表11.3.3 「人生段階」×「発達」（女）

(%)

	順調	つまずいた	どちらともいえない	D.K.
思春期　（$n=34$）	70.6	23.5	5.9	―
間　　　（$n=31$）	64.5	22.6	6.5	6.5
成年前期（$n=21$）	66.7	23.8	9.5	―

男女を比較してみると，「思春期」の者で「順調」と答えた者が，女性の方が多いのに対し，「つまずいた」者が男性にやや多い。また，「両方の間」では男性で「つまずいた」者がいない。「成年前期」と思っている者の発達の仕方の意識には男女にほとんど差がない。この事から，全体（表11.3.1）で「両方の間」で「つまずいた」が少なく「どちらともいえない」が多かったのは，男性にそのように意識しているものが多いからである。

3．分析と考察

　以上，大学生（2年生であるからほとんどの者が19〜20歳）が，自分の人生段階（心理的・社会的発達段階）をどのようにみているかをみてきた。これをまとめてみると，大部分の者がその年齢にふさわしく「思春期」と「成年前期」の間にいて，迷っているようにみえる。それは，エリクソンが「思春期にはアイデンティティの感覚の発達とその混乱との相互作用との間の緊張があり，それが解けるとその人のアイデンティティが自然にでき上がる」そして「次ぎが成年期である」[1]としていることから，多くの者はまだ自分にはアイデンティティができていないと感じているためと思われる。一方，「成年前期」と答えた者の多くは，"もう一人で生活している""恋愛している"などの理由であるが，"年齢的に成年期のはずだ"または"そうあるべきだ"という建て前で答えている者もいると思われる（これにはアンケートが記名式であることが作用しているかもしれない）。

　一方，発達については，過半数のものがこれまでの人生を「順調」と肯定的に感じているのはきわめて健全に成長しているようにみえる。しかし，「順調」と答えたものの多くが，その理由を答えていないのに対して，「つまずいた」と答えたものの多くが"子どもの頃の劣等感をまだ持っている""幼児期（小学生）の頃に失敗した（いじめられた）のがまだ残っている""家庭の事情でいろいろあって""受験の失敗から立ち直れない""高校時代に自分がわからなくなった"など，具体的に自分を見つめ，その結果，答を見つけられないでいる。

　このことがら，「つまずいた」と答えたものは，アイデンティティの獲得のために思い悩み，迷っている「思春期」にいるものであり，これに対し「順調」と答えた者は，本当に「思春期」を卒業したりその最中の者も多いであろうが，一方，まだ悩み・葛藤がなく，そこに達していない者も多いのではないかと考えられる。それは，わずかだが"まだ「学童期」だ"と答えた者が，前述のように，"まだ悩みなどない"ということを理由にあげ，大部分が「順調」と答

えていることからも，推測される。

　要するに，大学生の多くは，標準的な発達の教科書に示された，表面的な年齢に自分を照らし合わせて，「思春期」や「成年前期」または「その間」と位置づけており，日常生活でもそれにあった生活をおくっているのだろう。これは，わが国では大学生がきわめてモラトリアムに位置づけられていることが，大きく影響しているであろう。しかし，精神発達のうえからみると，必ずしもこの通りではなく，いわゆる「思春期の葛藤」を経験していない，当然，アイデンティティもできていない者が多いのではないかと思われる。

4．まとめに代えて

　2年ほど以前，私の「成人教育論」の授業で，「自分はまだ大人じゃない」という新聞記事[2]を示して，学生に"自分は大人だとおもうか"を聞いたところ，大部分の学生が"まだ大人ではない"と答えた。この結果は，今回紹介した，「成年前期」が3分の1いたという結果と，かなり異なる。これは，今回が「社会心理的人生段階」を示しての答えなのに対し，前に示した記事が「アンケートでは，大人だと自覚した年齢は25歳までが60％で，30代，40代でも20％前後が，まだ大人ではないと答え，その理由は，"外で自分の意見を主張できない"や"子どもを持ってまだと気づいた"や"なりたいと思わない"が多かった」であったことが影響していると思われる。つまり，前回は大人の条件が「自覚」や「自立」，つまりアイデンティティの確立であり，現代では30代でもなかなかもてない人が多いという前提での答えであり，今回は，「学童期」「思春期」「成人前期」と順調に発達していくのが普通だという前提だったことが，答えが大きく異なることになったのであろう。どちらの答えも，建て前でもあるがまた本音でもあろう。

　すなわち，現代の大学生は，日常的には"もう大人だ"と思っている者がかなりいるが，それは，社会のなかで確固とした実感をもってのものではないし，

家庭的にも自分の精神的な面でもアイデンティティが確立しているわけでもない。これは，大学生という日本社会ではモラトリアムと位置づけられた状況から，当然のことである。むしろ，私が問題だと思うのは，大学生時代に（本当は高校生からのはずだが）しっかりと「思春期」葛藤，この時代でしかできない人生について，人間について，社会について等々，思いっきり考え，思い悩んでいないようだという点である。エリクソンのいうように，この緊張のなかから自然にでき上がってくるのが自分のアイデンティティであり，さらに他人や社会のアイデンティティとも融合できる素地ができるのであろう。

　これができ上がらないうちに大学を出て，就職したり，結婚し子どもをもったりすることから，職場や家庭，地域でさまざまなトラブルに出会ったとき，それにまともに向き合うことができず，ストレスから，自分自身をせめたり，逆に弱いものを攻撃したりすることにもなるのではないか。

　はじめに書いたように現代の若者は，「モラトリアム」だ「アパシー」だといわれているが，それが社会，家庭，教育のあそこが悪い，ここが間違っているからだという追求も必要であろうが，一方，社会も，親も，教育者も，なによりも若者自身も，これらのひとくくりの決めつけにむしろ安住しているのではないだろうか。その方が，まともに葛藤や緊張などと向き合うよりも楽なことは確かである。しかしそれは，一時しのぎであり，おっつけどこかで真っ正面から取り組まなければならないことであり，そうしなければ，それから先の人生はないということに，社会・教育者・親たちが気づくことが必要ではないだろうか。

注
(1) E.H. エリクソンほか著，朝長正徳ほか訳『老年期』みすず書房，1990, pp.34-35
(2) 『読売新聞』1991年10月8日付記事

おわりに

　本書は，著者が天理大学（生涯教育専攻）に在職した間に発表した，生涯学習に関する小論をまとめたものである。以下に，本書の目次に従って，初出掲載を記す。

　　第1章　21世紀の教育課題　　　書き下ろし
　　第2章　生涯学習時代の学校教育の役割
　　　　　　　　　　『天理大学生涯教育研究　第9号』（平成17年3月）
　　第3章　メディア・リテラシー教育の必要性
　　　　　　　　　　『天理大学学報　第196輯』（平成13年2月）
　　第4章　「加齢」の生涯学習的意義
　　　　　　　　　　『天理大学生涯教育研究　第7号』（平成15年3月）
　　第5章　"先人たちの生涯学習"を学ぶ
　　　　　　　　　　『天理大学生涯教育研究　第8号』（平成16年3月）
　　第6章　生涯学習と識字（リテラシー）
　　　　　　　　　　『天理大学生涯教育研究　第1号』（平成9年3月）
　　第7章　生涯学習時代の「家庭」と「地域」
　　　　　　　　　　『天理大学生涯教育研究　第3号』（平成11年3月）
　　第8章　学歴と生涯学習
　　　　　　　　　　『天理大学生涯教育研究　第5号』（平成13年3月）
　　第9章　IT革命と生涯学習
　　　　　　　　　　『天理大学生涯教育研究　第6号』（平成14年3月）
　　第10章　生涯学習施設の立地条件
　　　　　　　　　　『天理大学生涯教育研究　第4号』（平成12年3月）
　　第11章　大学生の人生段階意識
　　　　　　　　　　『天理大学生涯教育研究　第2号』（平成10年3月）

以上のように，発表の時期が前後8年にわたっており，内容，論じ方もその時々に話題になった教育・学習にかかわる課題を切り口にしている。当然全体としての統一的な構成になっておらず，アラカルトであるが，あえて本書のテーマをいわせていただければ，「現代の教育・学習に関する諸課題を生涯学習の観点からみる」といえるので，本書の表題を「今，教育を考える～生涯学習時代の教育課題～」とさせていただいた。

　まとめるにあたって，あらためて読み返してみると，論考に至らない点も多く，また，その後，状況が変化したり新たな課題が生まれてきたりした課題も多い。発表するにしても全面的に書き直さなければとも考えたが，あえてそのまま手を加えずに発表に踏み切った。

　それは，書き下ろした第1章にも記したが，一時期，21世紀教育の目標として官民上げて提唱，奨励された「生涯学習」が，肝心の21世紀になって急速に表舞台から後退しているようにみえるからである。利潤追求にしか目が向いていないかの大企業はもちろん，文部科学省もその公表する文書からは生涯学習の文字がほとんどみられなくなった。一方，国民一般は，生涯学習的な生活・生き方が行き渡ってきているようにみえる。このような状況を，わが国の教育に関心をもつ方々，とくに学校関係の方々はどう受け止めているのか。発表することで，より多くの方々のご意見，ご批評をお聞きしたいと考えた。ご高評をお願いしたい。

　最後に，本書が刊行できたのは，掲載を快くお許しいただいた天理大学生涯教育専攻の井戸和男，岡田龍樹，石飛和彦の先生方のおかげであり，感謝します。また，編集では，学文社の三原多津夫，落合絵理の両氏に感謝したい。

　なお，本書を，私が長期間家庭を離れて職務に携わることを許してくれた，妻　大串孝子にささげたい。

　　平成18年3月　　　　　　　　　　　　　　　　　　　大串兎紀夫

著者紹介

大串　兎紀夫（おおぐし　ときお）

昭和14年　東京生まれ，神奈川県に育つ。
横浜国立大学学芸学部地理学科卒業。NHK教育番組ディレクター，NHK放送文化研究所主任研究員，天理大学人間学部教授を経て，
平成17年より皇學館大學文学部教授（生涯学習）。
主な著書
『日本人の学習・成人の学習ニーズをさぐる―NHK学習関心調査報告書』（共著）第一法規出版，平成２年
『生涯学習概説―「学び」の諸相』学文社，平成９年

今、教育を考える ―― 生涯学習時代の教育課題

2006年３月20日　第一版第一刷発行

著　者　大串　兎紀夫

発行者　田　中　千津子　〒153-0064　東京都目黒区下目黒3-6-1
　　　　　　　　　　　　　電　話　03（3715）1501代
発行所　株式会社　学文社　ＦＡＸ　03（3715）2012
　　　　　　　　　　　　　振　替　00130-9-98842

©Tokio Ohgushi 2006　　　　　　　組版　サンライズ
乱丁・落丁の場合は本社でお取替します　印刷　平河工業社
定価はカバー，売上カードに表示　　　製本　小泉企画

ISBN 4-7620-1505-9

大串兎紀夫著 **生 涯 学 習 概 説** ——「学び」の諸相—— 四六判 242頁 定価 2100円	「学ぶことは生きること」という基本視点から、いつでもだれでも自ら学び共に学ぶことが可能な環境づくりとはなにかを考える。とくに放送教育を活用した学習の実態について具体的に検証していく。 0708-0 C3037
関口礼子編著 **情報化社会の生涯学習** A5判 176頁 定価 1890円	情報・通信技術の発達とその普及・受容にともない、生涯学習にどのような変化がもたらされるのだろうか？情報化社会における生涯学習のあり方を多角的に見つめることにより、これからの可能性を探る。 1444-3 C3037
田中雅文著 **現代生涯学習の展開** A5判 208頁 定価 1890円	日本の生涯学習の今日までの流れを追い、公民館やカルチャーセンターなどで学ぶ成人学習者の特徴や学習支援側の実態を分析。市民活動の活発化による需給融合化の生涯学習政策について考察したテキスト。 1279-3 C3037
瀬沼克彰著 **日本型生涯学習の特徴と振興策** A5判 378頁 定価 5775円	欧米と様子が違う日本型生涯学習、供給側に力点をおき分析。多様な供給主体が各々で革新を努め、ネットワークや異業種交流の利点を生かせば、行政・企業・教育機関・住民団体が連携され活性化できる。 1055-3 C3037
瀬沼克彰著 **現 代 余 暇 論 の 構 築** A5判 360頁 定価 3990円	余暇問題の発端について、現在から過去に遡り、発生の経緯や要因、活動の流れを概括し、個人の余暇ライフの究明を行う。さらに行政と民間の対応について取り上げ、今後の方向性や展望を探る。 1402-8 C3037
E.リンデマン著 堀 薫夫訳 **成 人 教 育 の 意 味** A5判 134頁 定価 1575円	「教育は生活である」「成人教育の目的は、生活の意味の探求にある」「大人の経験は成人教育のすばらしい資源である」「成人教育の方法は、生活状況を話し合うことである」を訴えた好訳書。 1472-9 C3037
千葉杲弘監修 寺尾明人・永田佳之編著 **国際教育協力を志す人のために** ——平和・共生の構築へ—— A5判 304頁 定価 2625円	国境を越え人が人を助けるということとは？世界のフィールドで活躍する若者の声を盛りこみ、国際教育協力の牽引役であったユネスコにも焦点をあて、「教育」の分野での国際協力を総合的に論じた。 1359-5 C3037
鈴木眞理著 **ボランティア活動と集団** ——生涯学習・社会教育論的探求—— A5判 320頁 定価 2625円	生涯学習・社会教育の領域においてボランティア活動・集団活動の支援はどのようになされているのか、その課題はどのようなものであるか等を、原理的なレベルから掘り起こし、総合的に検討する。 1282-3 C3037